「いつでも転職できる」を武器にする

市場価値に左右されない「自分軸」の作り方

人事・戦略コンサルタント
松本利明

KADOKAWA

この本は、転職に追い込まれている人だけが対象ではありません。

今の会社にこのままいていいのか、モヤモヤと不安に思っている人

「本当にやりたいこと」が中々見つからない人

この会社にしがみつくしかないと諦めている人、おびえている人

そう、あなたに向けて書きました。

はじめに

こんにちは、人事・戦略コンサルタントの松本利明です。私はＰｗＣ、マーサー、アクセンチュアなどの外資系大手のコンサルティング会社で、グローバル展開、Ｍ＆Ａ、事業再生、スタートアップを含め人事のコンサルティングに24年以上関わってきました。日系・外資系の大手企業からスタートアップ企業まで、その実績は６００社以上です。

その中で一貫して行ってきたことは、**『人の「目利き」』で、５万人以上のリストラ、６５００名を超える幹部の選抜と育成**になります。

さて、その私が、独立後、エリート社員だけでなく、普通の大学生から50歳を超えるベテランのビジネスパーソンと交流させていただく中で、とても驚いたことがあります。

「誰もが、このままこの会社にいていいいか、モヤモヤと悩んでいる」のです。

現在は「2人に1人が転職する時代」と言われていますが、職業人生のこの悩みはトラウマのように心に忍び入り、ことあるごとに脳裏をかすめるのです。

でもご安心ください。その不安の正体も手の打ち手も明確なので、この本を書きました。

早速解説しましょう。

なぜ、不安やモヤモヤ感がなくならないのか。理由は簡単です。

働くことに対し、「選択肢」が多すぎるから、選べないからです。昔はシンプルでした。昭和は終身雇用。就職した会社でうまくやる処世術を知るのが正解。選択肢は一つ。

そして平成は、勝ち組と負け組。「転職」が選択肢になりました。転職の中でもリストラなど、後ろ向きな場合と、勝ち組の大企業、外資系、ベンチャー企業へ移る前向きな場合ができました。

今からの時代はどうでしょう。

- **正社員、副業、独立など働く身分も多様化**
- **日系、外資系、大企業、ベンチャー、NPOなど、働く組織も多様化**
- **都会、地方、海外など働く場所も、在宅勤務、週休3日など、働き方も多様化**

図1

これからは「自分らしく活躍し、認められ、稼げる」ことが会社・仕事・働き方の選択基準というが、「選択肢が多すぎて選べない！」のが実情

➡「だから、この会社にいていいか、モヤモヤ悩む」

今ここ ▼（ポスト平成）

	昭和	平成	ポスト平成
選ぶ視点	積み上げた「ストック」を活用		フローで流動的「状況判断」で当て続ける
働き方	選択肢少 1社基本	選択肢いくつか 1社基本に加え転職の選択肢（外資以外は後ろ向き）	選択肢たくさん 転職、副業、独立など選択肢が多数
労働市場	終身雇用、固定的	転職市場ができはじめる（外資系への行き来とリストラによる後ろ向き） 非正規労働市場（契約・派遣など）形成	空前の人材・人手不足であるが、給与水準は上がらない 転職市場が拡大（二人に一人が転職する時代）
経済市場	右肩あがりからバブルへ	バブル崩壊 不景気 アジアの新興市場へ	GAFA（Google、Apple、Facebook、Amazon）など、AI、RPA等、ITテクノロジーをベースに新しい価値提供の時代にのまれる

自分は一人しかいない。憧れてもピッタリのお手本はいない

そう、仕事や働き方の選択肢が一気に増えたことは素晴らしいことである反面、人は4つ以上選択肢があると意思決定が難しくなるのです。選択肢が「A案」「B案」「C案」の3案までであれば「これ！」と選びやすいのですが、100案もあったら選べないでしょう。これは脳科学でも証明されています。

空前の人手不足なのに給与水準が上がらないことも閉塞感に拍車をかけています。

しかも、**転職など、「キャリアの節目」は突然現れ、短期間で判断させられる**のです。

そのパターンは2つです。

1つが、職場環境から追い込まれるパターンです。会社からフラれるパターンです。

- **リストラ宣告された。M&Aで会社がなくなった**
- **左遷させられた。希望した職場に行けなかった**
- **昇進したくないのに、昇進させられた**
- **あわない上司の下で、我慢の限界がきた**
- **同期や後輩の下で働く事になり、耐えられない**

など。もう1つは誘われるパターンです。言わば告白されるパターンです。

・辞めた同期から「一緒に働かないか」と誘われた
・上司から「辞めるので一緒についてこないか」と誘われた
・勉強会、飲み会、趣味の仲間から誘われた
・ヘッドハンターや人材紹介エージェントからコンタクトがあった

など。そう、転職は恋みたいなもの。一瞬で落ちてしまい、盲目になるのです。その上、意思決定までの時間がほとんどありません。告白された後はすぐに返事をしないと、ライバルに取られるか、相手に諦められるのと一緒です。人生の大事な決断を、ある意味、エイヤで決めざるを得ない状況に追い込まれます。この状態は極めて危険。ゆえに間違うのです。

転職先で失敗しても、もう前の会社には戻れません。**あなたが移るタイミングで、あなたの椅子には違う人が座ってしまうからです。逆に転職のチャンスを逃すと誰かがその椅**

子に座るので、その人が辞めない限り席は空きません。

仮に席が空いてもまたチャンスをもらえるかは未知数です。

相談相手も微妙です。会社の上司・先輩には相談できない。社外から声をかけてくれた上司や先輩は移る方向で説得してきます。ヘッドハンターや人材紹介はビジネスです。その会社にフィットしそうなら転職押しが当然です。家族は自分の主観で言ってきます。給料が下がる、ベンチャーに移るなどを相談しようものなら両親まで出てきて反対するでしょう。親世代ともなると年功序列の昔の価値観のままなので保守的です。そう、**どの相談相手も自身の利害の視点で語ります。あなた視点の客観的な意見は貰えません。**

どうやってこれからの職業人生に関わる問題を判断していくか。頼りになる基準は「自分軸」におきたいものです。しかし、ここも迷いの源泉の一つです。

「自分軸」とはわかるようで、実はわからないのが本音ではないでしょうか。

やりたいことは、過去のただの情報でしかないのです。「憧れた」「かっこいい」「稼げそう」などの情報をもとに「やりたい」と感じたものではないでしょうか。

「子供の頃、どんな大人になりたかった？」と聞かれたら、「プロのサッカー選手」「プリキュア」「仮面ライダー」などでしょう。大人になっても感覚的には大差ありません。

これはいたしかたないことです。受けた教育の問題です。子供の頃から協調性を前提に育てられ、会社に入ってからも自分軸でキャリアや物事を考えることより、目の前の仕事を回す教育しか提供されなかったからです。髪型やファッションの違いなど、大勢に影響しない誤差範囲の小さな個性を活かすレベルしか教わっていないので、いざ、「自分軸」を打ち出そうとしても、誤差範囲の違いしか打ち出せないので悩むのです。

ゆえに**「自分に市場価値があるか」自信がない**のです。根拠のない自信があったとしても、人材紹介のエージェントに現実を突きつけられると、ガラスのハートは飛び散るのです。人生に無駄はありません。確かな自分軸をもっていれば20代はもちろんのこと、50歳を過ぎても、自分らしく活躍し、キャリアの選択肢をつねにたくさん持てます。

参考にする情報にも偏《かたよ》りがあります。**「成功者の話を参考にしても、100%は当て嵌《は》まらない」のです**。成功が約束されていた人や、成功した後に説明するために後付けでつくられた話も多いのです。聞こえがよく、「なるほど!」と思っても、自分を当て嵌めることができなくて悩むのです。例を出しましょう。

「100人に1人」の領域や実績をつくり、それを3つ掛け合わせると「1万人に1人」

のオリジナルの存在になれるというキャリア形成の話はきいたことがあるでしょう。
元リクルートの藤原和博さんが提唱され、キングコングの西野亮廣《あきひろ》さんを含め、今、時代を動かしている識者が伝えているものです。

たしかに、藤原さんや西野さんがご自身の例をもとにした解説をきくと納得感がありますす。しかし、**普通の人がご自身の経験や実績からこの方程式で自分をブランド化しようとすると成り立たず、悩むのです。**

ひとつやってみましょう。あなたが人材紹介のリクルートの営業だとしましょう。
最初は普通に今の仕事を置いてみましょう。

営業　×

経験や知見がある。相性がよさそうな分野「マーケティング」を掛けてみましょう。

営業　×　マーケティング　×

かなり、よさそうですね。最後に業界の「人材紹介」を掛けてみると、

営業 × マーケティング × 人材紹介 ＝ 普通のリクルートの営業

とループしてもとに戻るのです。**普通の人は3つ目に掛けるものが中々見つからないのです。**

なぜかというと会社は、今、あなたが担当している仕事を基本にして、できそうな仕事しかアサインしてくれないからです。なぜなら、毎回一から新しい仕事を覚えてもらうのは時間もかかります。会社はあなたに現場で成果を出してもらうことを第一に考えるので、どうしても関連した仕事を任せるか、よくて同じ仕事で昇進になるのです。

それはどうしてでしょうか？ **会社で必要とされて選抜される者は「全体の5％」程度です。**その候補を入れても約10％。計15％の人材のみ、戦略的にジョブローテーションやアサインをして「育成する対象」になるのです。その候補も40歳までには白黒ついて外されてしまいます。

残りの85％の人の異動や昇進は「玉突き」で決まったものです。今の仕事をちゃんと

やって成果を出して会社を支えてもらう要員だからです。

私は外資系、日系にかかわらず、次世代リーダー選抜と育成に600社以上かかわってきましたが、例外は1社もありませんでした。あなたも、職場で周りをみれば、それとなくわかるでしょう。

さあ、自分の手で、自分軸で自分らしく、認められ、やりがいを感じ、稼げる職業人生を手に入れましょう。

この本は、あなたの市場価値、やりがい、報酬に対して、長期に渡る不安や恐れを一掃します。

これからの時代で、自分らしく、ビジネスパーソンとして成功するための本です。

あなたもうすうす感じている通り、時代は既に変わってしまいました。

親が安心するように名門企業に入っても、不祥事や売れ行き不振でなくなる。

気鋭のベンチャーも10年もたず勢いが止まる、売られる。

そう、これまでは学歴、経験などを「ストック」していけば道はひらけました。

今はフローで流動的で数年先は読めません。変化に対応していたら間に合いません。

ゆえに、これからはストックではなく、「状況判断」で一発当てる。それも自分らしく、何回も確実に当て続けていく時代になってしまったことは肌感覚で掴んでいるでしょう。

ですから、**これからの時代「自分らしく当て続ける」ための「転職力」が必要です。**

転職力とは、一発当てると言っても「成りあがる」こととは限りません。

自分の持ち味＝自分軸を知り、活かすことで、

- **好きなタイミングで欲しい値段で自分を売れる**
- **自分が好きなことで稼げる市場と仕事を知る**
- **出世に限らず、世の中で認められる**

ようになる目利き力を持つことで「いつでも転職できる」が武器になります。

転職力はあなた自身を守ることに繋がります。流動的な世の中でいきていく「安心保険」とも言えます。転職力は「自分で人事異動」できる力と言えます。

「転職できる」を武器として持つことで、はじめて自由になれるのです。

思い切ったリスクも平気でとれるようになることで、チャンスや経験値が逆にアップすることにも繋がります。後悔がなくなります。ラクに活躍の幅を広げられるのです。転職力は社外に転職するだけではありません。社内の異動や昇進にも効くのです。

転職力を身に付けるのに年齢は関係ありません。若い人は自分らしく可能性を拡げられるようになることは当然ですが、実は、ベテランにも美味しいのです。数多い経験の取り出し方と組み立て方がわかれば、どこでも活躍できる道がモーゼの十戒のように開きます。

1章では、変化しすぎるこれからの時代の転職やキャリアの考え方を解説します。理屈っぽくならないように、あなたが素朴に感じる疑問に沿って解説しました。

2章では自分軸で働く居場所について書きました。視点は2つ。1つは報酬水準。報酬水準の高低は、個人の頑張りではなく、利益がでやすいか否か、業界のビジネスモデルによるからです。同じ人事の仕事でもTV局なら年収1500万円、ガソリンスタンドなら372万円と、年収差は4倍になります。同じ仕事をするなら報酬水準が高い業界の方が得なので、それの選び方。もう1つは自分の資産にあって速くラクに成果が出せ、やりがいを感じやすい仕事の選び方です。「外資系エリートがベンチャーにいったら残りの人生がアドベンチャー」となることが起きるのは、自分の資産にあわないから成果が出せないのです。そうならいよう自分の資質にあった仕事選びのコツを書きました。

3章は自分軸をハッキリさせるコツを書きました。人は遺伝子で資質の半分は決まり、20歳までに確定します。野球で二番、四番、ピッチャーの向き不向きは選手の資質で見極めるのと一緒です。自分の資質を自分で発見するノウハウを解説しました。

4章は自分軸で強くなり、自分のブランドと価値を正しく伝える「大人の自己紹介」について書きました。会社名、役職名、仕事内容、趣味などの一般的な自己紹介ではチャンスはやってきません。就活の自己PRはビジネスの世界では通用しません、世界どこでも通じる「大人の自己紹介」はグローバルでは当たり前でも日本では意外と知られていないものです。「大人の自己紹介」でパーソナルブランドを確立し、チャンスがどんどん舞い込むきっかけを作っていきましょう。

5章はチャンスに備えて身に付けておくことを書きました。チャンスが訪れるのは一瞬ですが、準備ができていないと摑めないからです。どんなに優秀なピッチャーでも、ちゃんと鍛え、ストレッチを行い、体調を整えておかないとマウンドに立てないのと一緒です。

逆に言うと、無駄な準備は1ミリも意味がありません。どんな企業でも活躍するために最低限必要で最大限効果があることについて解説しました。4章と5章の内容を揃えれば、何があってもキャリアや働き方への不安はなくなることを約束します。

6章はキャリアや会社を見切る判断基準について書きました。人は口説く時は綺麗《きれい》ごとしか言いませんが、その裏は見え隠れするものです。その判断基準を書きました。ゲームで「隠れキャラ」があるように、職業人生にもそれがあります。一見、辞めた方がよく見えても、クリアするまで残った方がいい局面。昇進など、本来は嬉しい局面なのに、裏を確認しないとあなたを塩漬けにしてしまうケースがありますので、その局面や手口について書きました。

最初に1章を読んでいただき、それ以降は2章、3章と順を追って読んでいただいても結構ですし、ペラペラとページをめくっていただき、興味関心があるところから読み進めていただいてもわかるように書きました。

1回読むだけではなく、手元に置いていただき、転職が頭を過《よぎ》る時に気になるところをめくっていただけると、あなたの強い味方になることを保証します。

特に6章は永久保存版としてチェックリスト的に使っていただけるように工夫しました。

最後に一つお願いがあります。

この本のノウハウに共感した、使えた、自分の仲間にも教えてあげたいと思っていただけたら、ハッシュタグ「#イッテン」をつけて、ツイッター、フェイスブック、インスタグラム、ノートなどでつぶやいていただけると嬉しいです。

私は、それを全部みます。必ず返信・リプライします。あなたと一緒に、自分らしく活躍できることが当たり前の流れをつくっていきたいと思い、この本を書きました。

さあ、早速ページをめくってみてください。

目次

2 自分軸にあった市場を見極める

市場の見極め方を知る

場所別、市場価値のあげ方はこれだ

3 自分軸で売れるキャラを確立する

4 自分軸で市場価値をつくれるようになる

6

永久保存版 自分軸で活躍する判断基準を身に付ける

ブックデザイン　大場君人
DTP　エヴリ・シンク
校正　くすのき舎

「日本の転職」の前提が全て変わってしまった

現代の若手は4人に3人が転職する明確な理由を持つ時代になりましたが、転職のセオリーはアップデートされていません。給料アップ、楽しい、やりがいがあるなど、「今よりちょっといい会社」を目指すことは重要ですが、それだけでは表面的で薄っぺらいのは、あなたも気づいているでしょう。

- **今の自分に市場価値はあるのか？**
- **自分の好きなことで稼げるのか？**
- **このままで世の中で認められるようになるのか？**
- **不安なく、自分の価値をアップデートし続けていけるのか？**

といった、あなたの本音の問いに本章では答えていきます。

あなたらしくと言われても自分の人生は今回が初めてなので判断は難しいでしょう。変化が激しい時代こそ、行動が全てかというと必ずしもそうではありません。無駄にバタバタしても意味がないからです。

行動したり、チャレンジしたりするには、その前提に「安全」が必要です。人は「安全」がないと「チャレンジ」できない人が9割だからです。

半端ない行動力でチャレンジし、ZOZOやSHOWROOM、メルカリといった、あっと驚くサービスを立ち上げ、成功させる人も増えてきましたが、イチかバチかの賭けではありません。ちゃんと勝算という安全が見えているから勝ちにいけるのです。

この本では、AIやロボットに仕事が奪われるなど、あなたに恐怖を与えるつもりは1ミリもありません。

あなたらしく、評価され、認められ、ちゃんと稼げるようになるための、これからのセオリーを書きました。**転職、キャリア、働き方での「モヤモヤ」や不安を解消し、これならできそうと「いける感」を摑んでいただけることを約束します。**

わかりやすいように、現状とこれからの転職やキャリアのセオリーを比較しながら解説します。早速ページをめくってみてください。

問① 売りになる強みや実績がみつかりません

答 自分の持ち味を活かし、「向いている」ことをすると独自の強みと実績が爆発的に生まれる

「ありがとうの方程式」であなたのキャラをハッキリさせる

最初に簡単なエクササイズからはじめましょう。
次の3名の転職候補者の中で「この人がいい！」と突き抜けている人はどなたですか？

Aさん「ソニーで25年エンジニア経験」

Bさん「パナソニックで26年エンジニア経験」
Cさん「NECで24年エンジニア経験」

どなたか突出していましたか？　どんぐりの背比べで、違いがわからないのが本音でしょう。

では次の本のタイトルの中で、一番印象に残るのはどれですか？

A：『やさしい経理入門』
B：『超経理入門』
C：『経理1年目の教科書』
D：『ドラえもんが教える、のび太君でもわかる経理』

いかがでしょうか？　中身はともかく一番印象に残ったのは、D：『ドラえもんが教える、のび太君でもわかる経理』ではないでしょうか。A、B、Cはちょっとした違いにしか感じないので薄くしか印象に残りません。

そう、**あなたが考えている「強み」や「実績」も、他人からみれば他の人との違いは誤差の範囲**なのです。違いを書く側は一生懸命に振り返り、自分を掘り下げてひねり出しても、評価する側が下す結果は想定の誤差範囲なのです。

理由は簡単です。**仕事が同じであれば誰でも同じような経歴や強みになるから**です。なぜなら、仕事が同じだからです。

経理の仕事だとしましょう。評価される項目は会社の垣根を超え、業界・業種共通です。同業であれば、なおさら違いがでないので**実績で差はつきにくいのが当たり前**なのです。「強み」もそうです。そもそも出てくる項目も共通です。新規開拓の営業であれば、元気よく、前向きで、顧客志向が高く、共感力がある。達成志向が強く、粘り強いなど、マニュアルや評価項目にありそうなことが強みとして浮かんでくるでしょう。仕事が同じだと強みも他人との違いが出しにくくなるのです。

さらに、強みは残酷です。**「強み」で勝負すると自分より強い人がでてきたら負けるので、不安は常に付きまとう**のです。

「定年退職になりましたので引退します」という横綱はいません。そう、「強み」は、自分よりもっと強い人が現れたら負けるのです。なぜなら、**強みの価値は相対比較できる**

からです。ライバルは社内だけとは限りません。社外にもあふれているのです。

都道府県チャンピオンでも日本チャンピオンと比べられると不利でしょう。日本で一番でもアジアなら。世界なら。とにかく上には上がいるものです。

また、**強みは永遠に保証されるものではありません。**毎回トーナメントで勝ち上がるようなものです。圧倒的な強さがあっても、未来永劫《えいごう》続くとは限りません。強みで争うと果てしない厳しい戦いになるのです。

「同期で売上一番」でも会社全体では何番なのか？　業界や市場全体の中で先輩や後輩たちとガチで争い続け、勝ち続けるしかありません。

強みを活かしたパーソナルブランディングは、圧倒的な強さをキープし続け、アップデートし続けることが好きでたまらない人にしか通用しません。

普通に会社に勤めて仕事をしているだけでは、他を圧倒するレベルの強みを勝ち取れる機会は少ないものです。

実際、あなたも「強み」を活かしてキャリアプランを考えて行き詰まってしまったことがあるのではないでしょうか。普通の人がブランディングをするなら「強み」を基本にするのは危険なのです。

では、何を武器にすればいいのか。

それは「持ち味」です。先ほどの本の例では、内容を意識すると差がつきませんでしたが、「ドラえもんが教える～」とその本独自の「持ち味」を打ち出した結果、記憶に残りやすくなる本になったのと一緒です。

持ち味を知るにはどうしたらいいかというと、あなたが普段お仕事をしていて、**「どんな人」から「どんな『ありがとう』の声」を貰っているのかを集めるとわかります。**同じ経理の仕事をしていても、

- **「正確で」ありがとう**
- **「気がきいて」ありがとう**
- **「速くて」ありがとう**
- **「みんなを引っ張ってくれて」ありがとう**

など、その人の持ち味にあわせ、「ありがとう」の声は違います。

頼まれる仕事も「急ぎが多い」「ドラフトで経営会議用にまとめて欲しい」など、あな

たの持ち味にあわせた傾向があるはずです。そこが、あなたの売りになるのです。「強み」で団子状態から一歩抜け出る基点になります。

パーソナルブランディングは「強み」ではなく「持ち味」をベースにするのが正解で、方程式に示したものが図2になります。

「ありがとう」の声が、あなた独自の持ち味であり「提供価値」になるのですが、ここで注意が必要です。この「ありがとう」の声は、「こうありたい」「こうすべき」という「べき論」ではNGなのです。

「べき論」は「こうありたいと目指す姿」であり、現時点の実績ではないので根拠になりません。

昨日まで毎日寝坊していたのに、「明日からは心を入れ替えて遅刻しない」と言われても信用できないのと一緒です。本気度合いは関係ありません。人は、その人の過去の実績から判断するからです。

「ありがとう」の声を支えるのは「一貫性」です。この**一貫性が保証となり、個人のブランドになっていく**のです。

仕事が速いのが売りなのにA課長とB課長で仕事の速さを使い分けしていたら、周りに見透かされてブランドにはなりません。

自分のキャラはこの「ありがとう」の方程式に沿って固めていくことで、自分軸が「ハッキリ」します。

「ありがとう」の声が、あなたに向いていることです。向いていることは速くラクに爆発的に実績が出ます。向いていること、稼げる市場や仕事を知れば、自分をいつでも最高値で売ることができます。これが**「いつでも転職できる武器」になるのです。**

「ありがとうの声」が1つでしょぼいなら、たくさん組み合わせればいいのです。

次頁以降でこの「いつでも転職できる武器」をあなたが使えるよう解説しますので安心してページをめくってください。

ポイント　「ありがとう」を自分軸にして洗い出せば、売りになる実績がでてくる

図2

自分軸で成功するための パーソナルブランディングの方程式

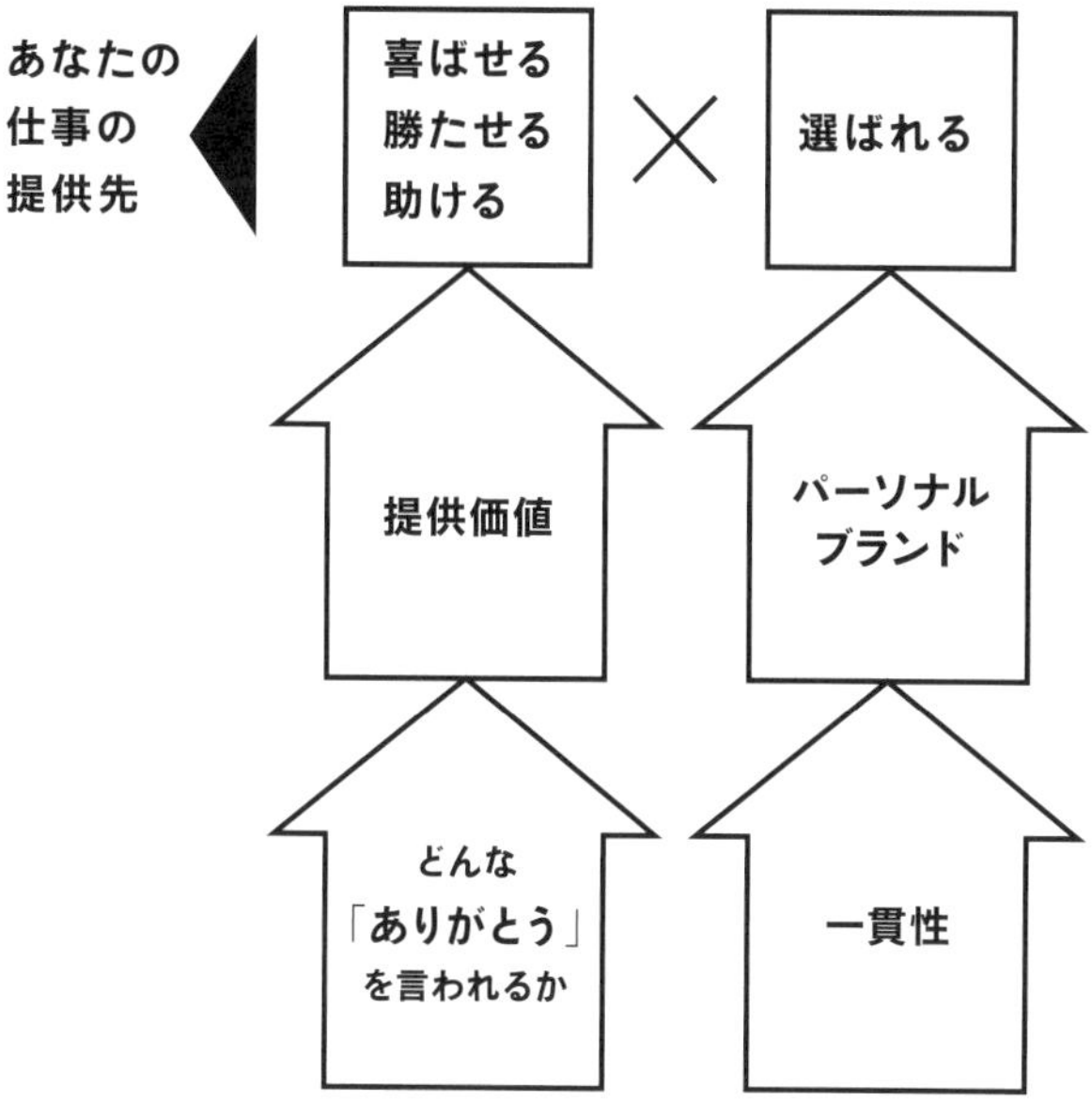

自分のキャラの具体的な作り方は3章で解説します。

あなたのキャラは20歳までに決まっている

なぜ、キャラを「持ち味」によって固めるのか。それは変わりにくいからです。

「持ち味」は正確にはパーソナリティなどと呼ばれ、いろいろ学説はあり、遺伝子や幼少期に決まるもの、20歳くらいまでの環境や経験で形成されるものがありますが、**この本では資質（動機・性格・価値観）と定義します。**

資質は、生死をさまよう等、人生観が変わるくらいのインパクトがある出来事がないと変わりにくいものと言われています。（図3）

実際、私は6500名以上のリーダーの選抜と育成に関わりましたが、みなさん資質をベースにキャラ立ちしていました。

資質は「心の利き手」とも言われていて、資質にあったことなら速くラクにできるようになり、逆に資質にないものはできるようになるのに苦労します。

資質はいい、悪いではなくその人の個性です。

図3

資質とは

資質（動機・性格・価値観）に沿った方向でないと成長したり、成果を出すのに苦労する。

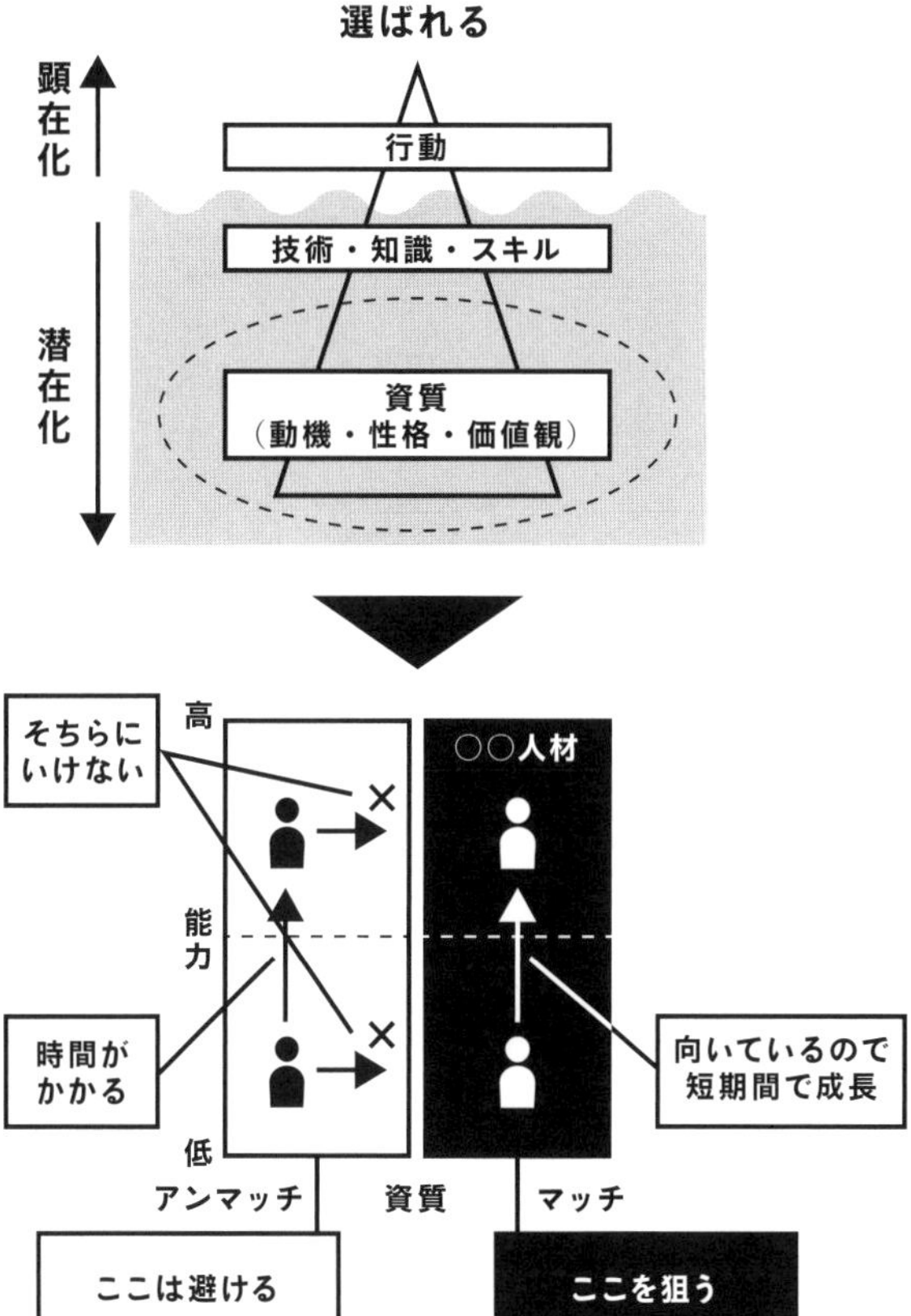

人気漫画『ONE PIECE』(尾田栄一郎/集英社)の主人公・ルフィは、「海賊王に俺はなる!」と言いながら、敵と戦っては、たびたび城・牢獄などに捕まってしまいます。そして仲間が必ず助けにやってくる。そう、同じパターンの繰り返しです。

なぜルフィは同じようなことばかり繰り返すのでしょうか。それは、彼の「ルフィというキャラ」が変わらないからです。

ルフィの仲間、サンジにしても、自分が殺されそうになっている場面でも、プリンちゃんが可愛い表情をすると目がハートになり、鼻血を流すのと一緒です。「命が危ないのに、女の子を前に目をハートにさせるなんて」と訝《いぶか》しがっても詮《せん》無きことです。「キャラ」は変わらないのです。そう割り切りましょう。ルフィはサンジにはなれないし、サンジはルフィにはなれないのです。

キャラなので変わり様がありません。逆に、「キャラだからしょうがない」と考えれば、相手の特異な言動も諦めがつきます。

ルフィは「ゴムゴムの実」を食べたことで、ゴム人間となり、しなやかで伸縮性を持つようになった肉体から繰り出す技を使います。しかし、他のキャラの武器や技は使いこなせません。

われわれも同じです。**人にはそれぞれ持っている武器や得意技があります。**しかし、他のキャラの武器や技は上手く使えません。

今のご時世、テクノロジーでビジネスが一瞬で変化する時代です。自分の資質にないものを時間をかけて苦労しながら、ゆっくり鍛えていく余裕は本来ありません。できるようになる前に時代が変わってしまうからです。

中高年は特に危険です。年代的に個性を伸ばすよりも、替えがきく歯車のように平均的に誰でも同じようにできるようになる指導や教育を受けてきているからです。それがなぜ危険かというと、**苦労して時間をかけてちょっとだけ成長したものには愛着が湧《わ》いてしまうのです。**時間もかかり苦労もしたので逆に捨てられなくなるのです。実は**その人の資質にあっていることは、本人が特に意識しなくてもスイスイできてしまうので自覚していないことも多く、**余計に誤解してしまいます。

ここでキーになるのは資質の「使い方」です。いくら向いているからと全てを同じように鍛えよう、使えるように鍛えようとすると時間がかかります。

そこで提案です。これからの時代は、『北斗の拳』ではなく、『ONE PIECE』でいきましょう。

『北斗の拳』は北斗、南斗などのコアな流れに加え、たくさんの流派があります。その上で、たくさんの技があり、習得にも時間がかかります。一生のうちで使うかわからない技、使わない秘奥義まで習得するとなると教える方も手間と時間がかかり、一子相伝《いっしそうでん》になります。

しかし、**一生の間で使うかわからない技、使わない秘奥義まで習得することは、これからの時代は無駄でしかありません。**

その点、『ONE PIECE』は近代的です。悪魔の実を食べた者は特殊な能力が身に付きます。「ゴムゴムの実」を食べると体がゴムになります。主人公のルフィは、戦いの試練を乗り越えながらゴム人間という資質をバージョンアップさせていき、今では「ギア」で身体・戦闘能力を大きく上昇させることができるようになりました。インペルダウンで毒から再起したことにより、毒物に対する強い抗体もできました。さらに、新世界編からは2年間の修行で新たに習得した「覇気《はき》」を使い、相手の動きを読んだり、技の威力を強化したりすることもできるようになるなど、持ち味に磨きをかけています。「メロメロの実」のように相手を魅了し、石にする等、他の実の力を使うことはできません。悪魔の実は一人1個しか食べることができないからです。

ゆえに、スパッと割り切りができます。他人の実《み》の力をうらやましがってもしょうがないのです。

自分が食べた実の力をどう活用し、強くなるかだけを考えるしかないからです。

変化が激しい時代こそ、そのたびに新しい技や武器を覚えていたらきりがありません。資質になければ習得する前に時代が変わってしまい、かけた時間や工数が無駄になります。資質を知り、キャラをハッキリさせることでそれが可能になります。

たまたま、あなたと似たキャラがいても大丈夫です。同じ業界や仕事をしていれば、同じような資質をもった人材が集まるからです。その時はコンボを覚えましょう。格闘技ゲームでは、小さな技をたくさん連打した結果、相手に大ダメージを与えるものをコンボといいます。メインのキャラが一緒でも他の資質全てが被ることはありません。

資質の可視化、コンボの組み方については3章と4章で詳しく解説します。

ポイント　資質でキャラをハッキリさせ、自分の悪魔の実の力に気づこう

問②　残るべきかが、わかりません

答　キャリアはアップではなく、「スライド」で考える

キャリアはアップではなくスライドで考えるといい

100人に1人の特技を3つ掛け合わせるブランディングは普通のビジネスパーソンで成り立たせるのは難しいと「はじめに」で解説しました。では、普通のビジネスパーソンはどうすればいいのでしょうか。頂点を目指すのではなく、スライドしてオリジナルの価値を「見いだして」いけばいいのです。具体的に解説しましょう。図4をご覧ください。

普通にキャリアを考えると、図4のように業界やその会社で上に登ることになりますが、上にいけばいくほど狭くなります。ライバルも同期だけではなくなります。上司や先輩、

図4

専門性を「横」にズラすとオリジナルの価値とポジションが生まれる

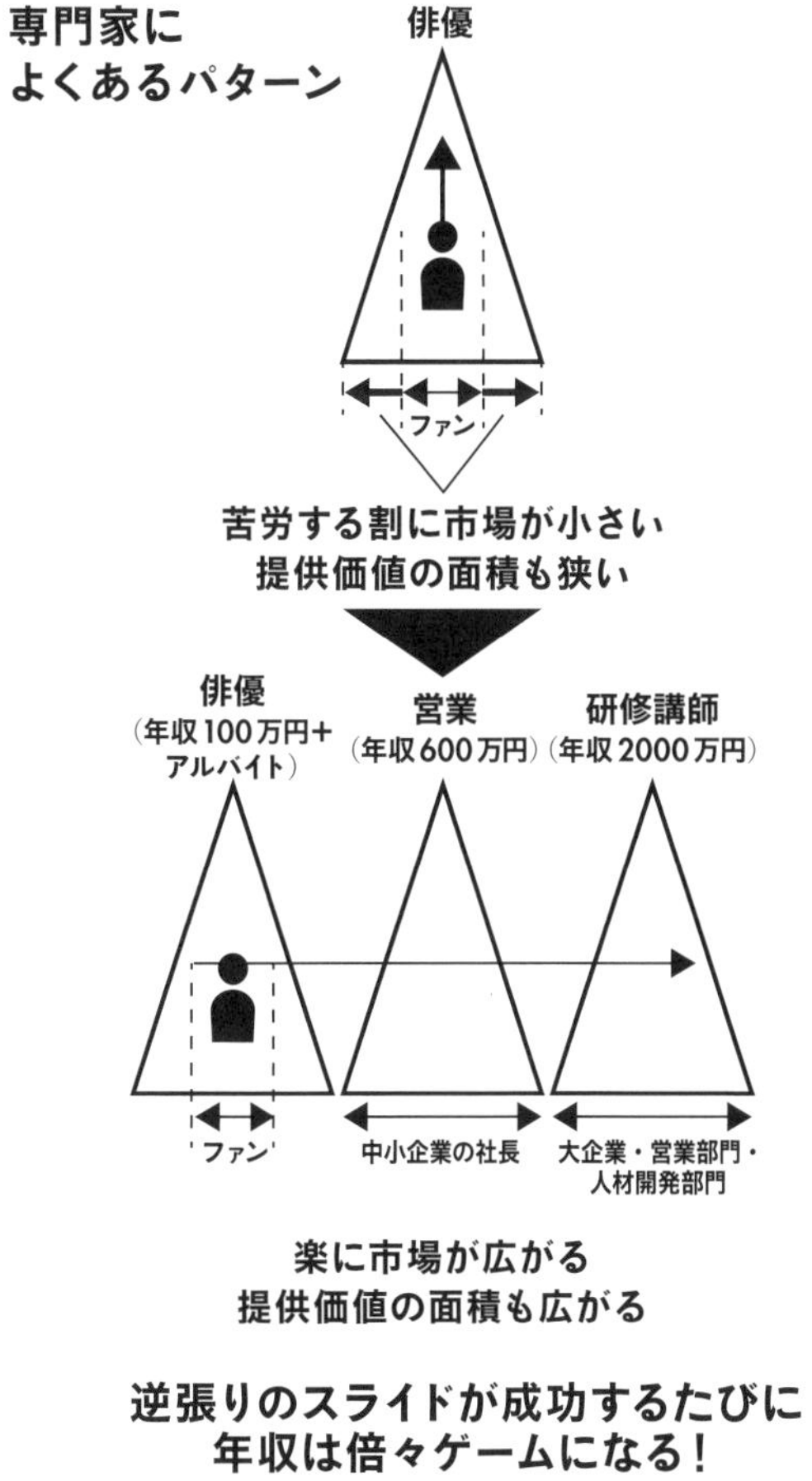

先人の識者などで上は詰まっているからです。熾し烈なポジション争いになります。しかし、苦労して1ミリでも上に上がっても、下のマーケットは増えていきません。まさに血の雨がふるレッドオーシャンになります。そこで発想を変えましょう。

今の居場所で自立して一人前になったら、勇気を出して横の山に進むのです。対象となるマーケットを移し、そのマーケットでよそ者の視点と知見から、新しい価値を提供すればいいのです。同じマーケットを相手にしていると同じような思考パターンに陥おちいるので確実に喜ばれます。ライバルもいないので一人勝ちになります。

キングコングの西野亮廣さんなども同じような戦略をとっています。

お笑いの世界で時代を摑んだ西野さんは、先人のつくった道をいくのではなく、自分の道を進んだと著書に書かれています。お笑いで摑んだ知見をスライドし、絵本作家、オンラインサロンをはじめ、次々に確実に当て続けています。

キーは、逆張りです。ライバルがいないか少ない「アウェイ」にスライドし、自分の資質や経験の中から、相手に喜んで貰えそうなことを行えばいいのです。有名人ではなく、普通のビジネスパーソンで成功するパターンを紹介しましょう。

パターン① 逆張りしてスライド

Aさんは30歳まで役者を目指して挫折。初めての就職は研修会社の営業。役者で培った洞察力と度胸が活き、あっという間にトップ営業へ。しかし、役者の夢は諦めきれず、35歳で再度劇団へ。役者をする傍ら、スポンサー集めの営業をしたら大成功。役者は演技力があっても営業力はない。逆にAさんは演技力が並でも営業力がある。結果、Aさんは劇団の幹部へ大昇進。現在は元役者の演技力をベースにした営業研修でブレイク中。

資質を活かしてライバルがいない分野にスライドして成功した典型です。

同様にIT系はどの会社もエンジニアの確保に苦しんでいます。なので、エンジニアから人事にスライドすると美味しいキャリアになります。エンジニアの立場や気持ちがわかるので、エンジニアに響く人事の打ち手が湧いてくるからです。職人や職人の意見を聞くようにエンジニア出身だと現場との心の距離感は近くなります。

パターン② 他の人にない経験の逆張りでスライド

55歳で大手のシステム会社で役職定年になったBさん。マネジャーまで出世できなく、上司の8割は元部下や後輩。技術も過去のもので窓際族でした。そこで、過去の経験を洗い出し、成長中のＩＴ会社の社長が困っていることで、他のエンジニアが苦手なことをピックアップ。30年以上のプロジェクトの中からメンタル不調者や退職者がでなかった経験に着目し、そこを売りにしてアプローチした結果、伸び盛りのＩＴベンチャーの管理部門の執行役員に転職が決まり、年収も2割アップ。自分独自のありがとうの声を活かした典型例です。

パターン③　ライフステージの変化にあわせ趣味を実益に逆張り

私の友人である早川哲朗さんは、元日本を代表するＤＪの一人でしたが結婚を機会に土日仕事のＤＪを減らし、インタラクティブプロデュース業を行う一方で、子守もできるし、周囲もハッピーにできるので趣味だった牡蠣バーベキューを発展させ、牡蠣尽くし料理会を展開。子供の学校や友達家族を巻き込み、家族ぐるみで楽しめると評判となり、収益化に成功。元ＤＪらしく楽しませる演出力を活かした結果と言えます。

上だけを目指すキャリアは危険です。ＡＩやロボットをはじめ、テクノロジーの変化で仕事がなくなってしまうと道がなくなるからです。

視野も狭くなります。天井を見ると床が見えなくなることと、不思議と一緒なのです。視野が狭く上しかみなくなるので、環境変化に疎くなります。上がなくなると全てがパーになるので、上があるはずだと信じ続けるようになるのです。

「この道一筋40年。ある技術の世界的権威で研究所にいたのですが、テクノロジーが変わり私の技術がいらなくなりクビになりました」という笑えない状況が起きてしまうのです。残念ながら、こうなってからでは手遅れです。

今、横を向けば天井や床も視界に入るように、スライドすることを意識さえすれば、おのずと変化とチャンスに敏感になります。

ここでは逆張りでスライドして成功するパターンを3つ紹介しました。いかかでしょう。これならあなたもできそうな気がしてきたでしょう。まだまだパターンはあります。あなたにピッタリのパターンが見つかることを約束します。詳しくは次章以降で解説します。

ポイント　掛け算は強みや経験でなく、アウェイや逆張りにするとオリジナルになる

逆張りすると成功確率が高まる

自分の資質にあった業界や仕事を選ぶと、実は周りはライバルだらけです。陸上競技でも短距離が速い人は短距離の、長距離が得意な人は長距離のレースを選ぶからです。王道で勝つのはキングだけ。資質やスキルが卓越し、経験豊富で周りから慕われ、評価が高い人。誰でもなれるわけではありませんし、目指す必要もありません。

なぜなら、ビジネスは陸上のレースより、もっと優しいからです。

全ての人が量産型のロボットのように同じスペックではないからです。

資質は誰もが複数持ち合わせ、キャラが成立しているからです。

自分のキャラを活かし、自分がチャンピオンになれる土俵に乗れば手のひらでコロコロと転がすように全てがうまく回りだします。

逆張りするのが一番簡単です。逆張りには2パターンあります。

①相手に対し、他の人とは違う、自分独自の「ありがとう」を引き出す

②みんなが不得意な「ありがとう」を拾う

になります。例をあげて解説しましょう。

①相手に対し、他の人とは違う、自分独自の「ありがとう」を引き出す

外資系生命保険会社で日本トップクラスを毎年とる営業はどんなイメージですか？バリバリのエリートで、さわやかで感じがよく、提案力があり、と思うでしょう。実はそうでもないのです。ごく普通。実際はその真逆な方が多いのです。営業するより、パーティーの企画、運営の主催をして周りを楽しませている人が圧倒的に多いのです。人と人をつなぐ。人の面倒をみるのが大好き。結果、人が人を呼び、保険の話になると自動的にその方を通した契約になるのです。

ありがとうの声を普通の営業の「いい保険を紹介してくれてありがとう」から、「親身に全てを使って私を助けてくれてありがとう」に変えることでオンリーワンの存在になっているのです。言わば逆張りの資質。パーティーをして人を惹きつける資質。相談に親身にのれる資質。人に好かれる資質。人と人を繋ぐ資質を活かしているだけです。なので、日常的にやっているのはワイン会、識者を呼んだ勉強会、バーベキュー大会の主催や運営

が中心です。人生を楽しみ、人の相談にのり、人を繋いで役に立つことを、見返りを求めずに行う魅力的な性格と行動に惹かれ、次から次へと紹介でお客様とのご縁の輪が広がり、結果、No．1になり続けるのです。年上に気に入られる資質があれば、年上の経営者。同じ年や後輩に気に入られるなら2世経営者をターゲットにするなど、自分が一番喜ばせられるお客層を知り尽くしていて、そこにフォーカスしているのです。

そう、キングのような天才的な資質や能力は必要ないのです。**自分の資質のひとつひとつをうまく足し算し、活かしきる**のです。

ひとつひとつの資質をみれば誰でも持っていそうな些《さ》細《さい》なものです。しかし、資質を活用しきることで、心から人生を楽しみ、充実し、経済的な不安を感じることなくオリジナルな人生を謳歌《おうか》しているのです。銀座のクラブでもNo．1は一番の美人ではないという話もよく聞きます。ないものねだりをするより、あるものを活用する方が速くラクに自分らしい人生を手に入れられるのです。

周りと同じ土俵に乗ると、常に誰かとの比較を意識します。上司、先輩、同期、後輩もライバルとして「あいつに勝つ」など、強く意識するようになります。

他人と勝ち負けの比較では不平・不満が必ず出ます。ストレスも溜まります。それが長期で溜まり、疲弊します。ありがとうの声を変えた自分の土俵ならライバルはいません。

自分の市場やお客様を喜ばせることだけに集中でき、簡単に頭一つ抜け出せるのでお勧めします。

②みんなが不得意な「ありがとう」を拾う

建設系の会社で営業成績が万年ビリだったAさんが40歳を前に年収1000万円を超えました。

不正ではなく、何をしたか。ライバルが苦手な分野の逆張りをしたのです。

この建設会社の営業は達成意欲が強い人材ばかりでした。明るく前向き。勢い、ハッタリあり、受注できなくても、気にせず、どんどん次に進んでいくタイプが主流でした。Aさんは真逆の資質。慎重、細かい、手順手続きがきっちり決まっていないと不安で動けないタイプ。上司や周りからは「Aさんは営業に向いていない」という烙印《らくいん》を押されていました。35歳でストレスから体調を壊し、管理部門の雑用係という閑職に。飛び込み営業でのストレスがなくなり毎日定時で退社。心身の健康を取り戻すと同時に、興味関心があった会計、法律、過去の事例を学ぶようになりました。Aさんの資質はコツコツタイプ。

法律面の資格を取ったのを機会に調査部に異動。難しい案件を抱えた営業から同行や相談が行列待ちになるようになったそうです。コツコツ法律や事例研究をする資質は、現場の営業で持ち合わせている人がいなかったからです。慎重にじっくり取り組める資質も、この仕事にあっていました。結果、再度、法律知識が必要な大型案件を扱う営業部署に異動。メキメキと頭角を現し、業績も全国で常に3位以内。40歳で抜擢され、この部署の部長になり年収1000万円を超えたそうです。まさに、王道の資質がないので、逆張りした結果、自分らしく、やりがいを持ち、評価され、稼げるようになったのです。

そう、楽しく豊に生きるには、世界的な天才である必要はないのです。自分らしく生きる天才になりましょう。逆張りすれば簡単です。

ポイント　仕事にフィットした資質以外で逆張りするとオリジナルに簡単になれる

チャンスの扉はあけっぱなしにする

30歳で海外のMBAを取りに行こうなど、計画的なキャリアのイメージを持ち、準備するのもいいでしょう。否定はしません。将来が予測可能で管理可能であれば、キャリアの目標を決め、そこに向けて効率的に進めるのはありりです。今はいい意味でも激しく変化が起こり続けています。効率ばかりを優先しキャリアパスを考えていると、想定外のすばらしいチャンスを見逃してしまうこともありえます。

これからの時代に必要なのは、効率的なルートを選定することではなく、**時代や世間がどう変わっても、自分で自分の居場所を切り拓《ひら》き、仕事をつかみ、自分らしく生き抜いていく**ことです。

誤解しないでください。誰もが道なき道の開拓者になれ！　ということではありません。それは道なき道を切り拓くのが大好きで得意な資質を持った人がやればいいことです。

ここで朗報があります。激変する世の中ではチャンスがゴロゴロ転がっています。

そう、チャンスをくれるのは「人」、成長するのは「仕事」と「仲間」です。

チャンスを引き寄せる。適材適所は自分で捕まえられるのです。

チャンスの扉をあけっぱなしにしておけば、チャンスはどんどん入ってきます。入ってきたチャンスの中から、自分の資質を踏まえ、次のステップを考えればいいのです。「ちゃんと地道にきっちりやっていればお天道様がみていてくれる」は昭和で終わっています。真面目にじっとコツコツ仕事をしていると、周りはその仕事が好きなんだなと認識し同じ仕事ばかりを回します。仕事の報酬は仕事と言いますが、今は他の人のノルマ、やりたくない仕事、同じ仕事がドンドン回ってくるメカニズムです。そのままでは悪循環。欲しいチャンスを他人から持ってきてくれるようにアプローチしましょう。

転職活動をしろということではありません。社外に、市場に目を向けることです。なぜか。**一番美味しい仕事は表にでないで決まる**からです。それも、人が持ってきてくれます。本当に美味しいポジションは求人情報サイトや人材紹介会社に届く前に決まるのです。

- **ヘッドハンター**
- **退職した上司、先輩、同僚、後輩**
- **友人知人の紹介**

などが代表的です。**一番美味しいのは友人、知人などからの紹介**です。リファーラル採用と言います。社員が自分の知人を我社に紹介して入社してもらう「社内人材紹介」のことです。メルカリの中途採用の9割はリファーラル、残りの1割は自主応募です。人気がある企業ほど、真正面から中途採用に応募する険しい道ではなく、社員からの紹介という近道があるのです。

採用する会社にとってもそうですが、採用される方、この本を読んでいるあなたにとっても大きなメリットがあります。

1つは、ミスマッチが防げること。友達や知人の紹介なので、本音の声や実態を掴みやすいからです。紹介され入社が決まれば、その友人・知人に紹介料が入りはしますが、紹介する動機はお金ではありません。友人・知人に紹介するのは、「とても会社を愛している」「どうしても他の人と共有したい」と強く思った時だけです。「友人をカネで売ることはない」のです。働いている会社の仕事や価値観・文化も、あなたに合っている感覚がなければ声をかけてはこないでしょう。人は自分と同じ様な価値観やスキルレベルの方々と付き合うので、大きなミスマッチが起きるリスクは減るのです。

2つ目は、友達の紹介を経るので、普通に自己応募するより確実に話が前に進みます。裏口ではなく横口です。人材紹介会社を通すより有利です。就活で落ちた会社でも大学の同期が活躍していて声をかけてくれたら一発逆転で入社できるチャンスも高まります。人気企業、チャレンジしてみたい格上の企業も、正面突破するより横口の方が有利です。**リファーラルの方が難関・人気企業に入れる確率が高い**のです。

3つ目は、実態を肌感覚でよく摑めます。いきなり面接というケースは稀《まれ》です。まずは、社員の友人・知人を呼んでピザパーティーやバーベキュー等の飲み会、懇親会から入ります。参加している社員の方々からざっくばらんな本音の話を聞き、どんな方々がいるかがよくわかるのです。初対面の方に「いきなり告白」してうまくいくことはほぼないですし、企業側もそんなことはしません。お互い「いつか何かで一緒に働けたらいいね」という繋がりができれば御の字と企業側も考えています。

4つ目は、驚くかもしれませんが、実はベテランにも有利なのです。成長している企業で、実は**ベテランに幹部かその候補できていただきたいと思っているケースは多々あります**。ただ、**人材紹介会社を通して募集するほどではないと考えています**。いい人がいたら我が社にポジションを用意するので、ぜひ、きて欲しい。というケースは多々ありますが、中々、出会いの場がないのです。**成長している企業のパーティーに参加するベテランクラスは少ないのでチャンス**です。

5つ目は、**年収交渉が有利になります**。人材紹介会社を通すより有利です。採用が決定した場合、人材紹介会社に入社者の年収の二十数％以上の紹介料を支払うケースがありますが、リファーラル採用はそこまでかからないので、常識の範囲内であれば交渉できる可能性があります（これは会社によって違いますが、少なくとも人材紹介より有利です）。

正式な採用面接となると1年間はその会社の人事に応募データが保管されます。内定がでてしまうと、2週間程度で意思決定が求められてしまいます。受かっても落ちても、最低1年間、エントリーは受け付けてくれない方が普通です。気楽に応募はしにくいです。

ポイント　思わぬ人からのチャンスがくることを忘れず、フラットに接する

問③　「やりたいこと」や「好きなこと」で稼げますか？

答　やりたいことより、「向いている」ことに絞れば大丈夫

やりたいことは本心からでるとは限らない

次の問題です。
あなたが人生をかけて本当に「やりたいこと」は何でしょうか？
左のスペースに書いてみてください。
自分に嘘はつけません。綺麗ごとでなくていいですし、他人に見せなくてもいいので、
本音でどうぞ！

※あなたのやりたいことを書いてください。

あっ、書き込まずにページをめくりましたね（笑）

実際、本当に本に書き込んだ人は3名もいないでしょう。「これをやりたいのです！」と即答できる人も実はごく少数です。年齢は関係ありません。40歳を超えても、80歳を過ぎても、本当にやりたいことを摑めない人は摑んでいません。

それはなぜか？

「やりたいこと」の正体は、実は「情報」が9割だからです。

仕入れた情報を通して「頭で考えて」導くのが、「やりいこと」の正体です。実際、あなたも、「やりたいこと」と聞かれて、頭で「う〜ん」と考えたでしょう。

逆に言うと「やりたいこと」は情報として入らないと思いつかないのです。

- **かっこいい**
- **儲かりそう**
- **周りからみとめられそう**
- **楽しそう**

など、実際に情報を得た時の感情をもとに、「やりたいこと」かどうかを考えるのです。

これは、ごく自然なことです。

まだ5歳児だった頃、将来は、「サッカー選手になりたい」「化学者になりたい」「プリキュアになりたい」と思ったことと似ています。

人は情報と感情をセットにして、「やりたい」と思うのです。子供ならピュアです。残念ながら、人は年を重ねれば重ねるほど、大人になればなるほど、経験を積めば積むほど、頭をよぎるものが多くなります。

そう、経験から学ぶからです。

40歳を過ぎてからスポーツの世界大会で金メダルを目指そうとは思わないのが普通です。**人は成功と失敗から学び、賢くなればなるほど現実的な解を出すようになります。**

ゆえに、やりたいことを「頭」で考え続けると、逆に見えなくなるのです。

ホリエモン（堀江貴文さん）は「やりたいことや向いていることを最初からわかっている人はいない。何でもいいから手当たり次第に手を出して、できるだけハマってみよう」と言っています。

確かに、その通りです。やってみなければ、本当にやりたいことはわからないものです。

すぐに「多動力」を発揮できる人ならいいです。ただ、実際はまず頭で考える人の方が多いものです。

大企業、成長企業で活躍している経営者や幹部、その候補の方々でも、希望通りの職場に配属される、やりたいことを持ち、その通りに進んだという人はごく少数です。子供の頃の夢をその通りに大人になってかなえた恵まれた人が少ないのと一緒です。

では、普通の人は「やりたいこと」を諦めなくてはいけないのか。

そうではありません。「やりたいこと」はもう一つの側面があります。やりたいことは目的ではなく「手段」なのです。

ユーチューバーは目的ではなく手段です。視聴者に楽しんでもらいたい、喜んでもらいたいというのが目的。その手段がユーチューブです。ユーチューブをやってみたら楽しかった、はまった、向いていた。

だから、ユーチューバーとして毎日視聴者が喜んでくれる動画をつくり配信し続けられるのです。

金持ちになりたいというのが一番の目的でも、向いていなければ長続きはしません。メルマガだ、ブログだと手段を替えても、向いていなければ結論は同じです。

やりたいことより、「向いていること」を見つけることが一番です。

ポイント　向いていることを活かせて稼げる業界や会社を狙う

向いていることをやることが一番

向いていることを摑むために多動力を駆使して、トライ・アンド・エラーを繰り返す必要は実はないのです。そう、解説した通り、自分の資質を知れば向いていることがわかるからです。

逆に言えば、向いていること＝資質があることなので、ラクに速く、楽しみながら、長く続けることができるのです。世の中で成功している方々や有名企業のトップやその候補の方々も、配属され、担った仕事が向いていたので楽しくなり、資質を活かし結果で出世した人ばかりでした。

「好きなこと」は確認が必要です。仕事の内容を理解しないで憧れるのは危険です。

「空を自由に飛びたい」のであれば航空会社のパイロットは向いていません。パイロットは、決められた時間と空港から指示されたルートで、管制塔に確認を取りながら安全飛行で時間通りに目的地に到着することを繰り返す日々が仕事だからです。目的地やルートを勝手に変えることは許されません。大空を自由には飛んでいないのです。自分の技量で機器を操り操縦するテクニックを求められたのは昔のこと。飛行機を動かしているメインはコンピューター。機器を操るというよりは、コンピューターのオペレーションの知識、正確性、判断力に加え、事故の8割がヒューマンエラーが原因なので言葉のコミュニケーション力を求められるのが今の航空会社のパイロットなのです。

ゆえに、コンピューターオペレーションの技術的なアップデートを行い続け、緊急事態では適正な判断ができ、正しく伝える資質が求められることになります。

飛行機を自ら操り、空を自由に飛ぶなら趣味で飛ぶことです。

また、実際にやって長く続いた好きなことも注意です。「下手の横好き」なのかも知れません。

長く続いているので資質はゼロということはないでしょう。しかし、好きなことで食えるかどうかは、**資質の強さ×スキルをあげる環境×その業界の市場特性**によります。

バイオリンを弾くのが好きなので、世界的なバイオリニストを目指すとしましょう。目指すには、他人からみると天性と思われるくらい資質が類《たぐい》まれなくらい強いことが前提。世界レベルのスキルが身に付けられる環境に身を置けること。そのプロセスを経て世界的コンテストで優勝するなど、高い壁がこれでもかとあります。どんなに資質が高くても、近所のバイオリン教室に週1回しか通えなければ、その道は遠ざかります。世界的なプロとして食っていける数少ない椅子に座り続けられなくてはいけない狭き門です。諦めればいいかというと、そうではありません。見方を変えて業界の市場特性を見ると、人に教えるのが得意な資質があれば、町のバイオリンの先生になる道も開かれています。ただし、町の先生の椅子となると世界的バイオリニストほどは稼げません。それでもよければその道もあります。

好きなことを、ライフワークの趣味で楽しむか、仕事にできるかは、その業界の市場特性が一番影響を持ちます。

また、注意するべきは「できること」です。20代でやってみたらすぐできたことであれば資質があるとみていいでしょう。問題ありません。

危ないのは中高年です。資質がないことをできるようにするには「労力×期間×ストレス」がかかります。長期間かけ、めちゃくちゃ苦労した上で、「ちょっとだけ」成長し、「できるようになる」のです。資質がある人の数倍から数十倍は苦労するのです。

対人関係の資質が弱く、苦節20年、45歳で5名のチーム運営ができた「石川さん」がいたとしましょう。周りからみると、マネジメントの伸びしろは薄く、本来の持ち味を活かした方がいいように思うでしょう。ところが石川さん本人は、「マネジメント」が苦労してできるようになってきたので、逆に怖くて手放せなくなる心理が働きます。**苦労した自分の時間と労力を無駄だったとは思いたくないから**です。これは、リストラされる人にみられる傾向でした。勇気を出しましょう。資質にあっていないものは捨て、資質にあっているものを上手に拾うべきです。

キーになるのは、情報として知りえた「やってみたい」ことの中から、資質に沿った、向いているものをやってみることです。経験や専門性から考えると外します。

例をだしましょう。私、松本利明の大学時代の専門は工学部の機械工学科でした。なぜ、私が外資系コンサルタントを目指したのか。大学4年生の時に「外資系コンサルタント」という情報を知ったからです。歯車の機械製図を夜中に書いている時、ある1つの番組が目に飛び込んできました。「金曜プレステージ　東京ソフトウォーズ」(テレビ朝日）という、素人参加型の企画のコンペ番組です。機械製図より面白そうとのめり込みました。その時の審査員にいた、元マッキンゼーの経営コンサルタントの波頭亮さんの存在を通して外資系コンサルタントを知ったのです。そして、やってみました。審査員の方々にお願いして実際のビジネスレベルで教え、鍛えていただく勉強会を企画し、毎月実施してもらいました。今でいうインターン的にアルバイトをさせてもらうようなものです。鍛えてもらったスキルをもとに、番組のお題の企画にチャレンジし、生放送でプレゼンしてダメだしやアドバイスをもらうことが、たまらなく刺激的ですぐにどんどんできるようになりました。専門性に関係なく資質がベストマッチだったのでしょう。人事戦略コンサルタントの目から自分をみると、もし、専門性をベースにメーカーに就職していたら、自分の資質ならよくても大企業の子会社の課長止まりは確実でした。

専門性、経験、欲望が目を濁《にご》らすので、自分の素である資質をもとに、向いていることを仕事にしましょう。

ポイント　多動力がなくても資質がわかれば「向いていること」がわかる

問④ 「自分の市場価値」はどうすればわかりますか？

答　**市場価値そのものは「仕事の値札」。欲しい人材と思われれば、あなたの「価値」はあがる**

市場価値そのものは「仕事の値札」

「あなたの市場価値は？」と言われると迷うことでしょう。**市場価値とは「仕事の値札」です。**

労働市場の中で、業界、組織規模、職種、職位などで決まります。あなたのポテンシャル、スキル、経験、資格で決まるものではありません。

あなたが人事課長をするとしましょう。TV局なら年収1500万円。ガソリンスタンドでは372万円。あなたが同じ仕事をしても業界が違うだけで約4倍の差がでます。逆の見方をすると、同じ仕事をするなら高い年収を貰える業界にいた方が、割がいいと言えます。あなたが高く売れれば、同じ仕事でも市場価値は高くなるのです。

そう、市場価値をあげるのは簡単です。逆に仕事によっては目減りもします。

「どこで働けるか」が一番の要素なのです。

「どこに動けるか」が2番目の要素です。

順を追って解説しましょう。

市場価値は「ビジネスモデルの収益性」と「人材の需要と供給」の関係で決まります。

ビジネスモデルの収益性とは**一言でいうと「儲かりやすさ」と「安定性」**です。儲かる業界ほど人件費の予算を高くとれそうだと想像つきますよね。逆にどんなに大変な仕事でも儲からなければ人件費を払いたくても予算がとれないこともわかるでしょう。同じ仕事をするなら儲かるビジネスモデルの業界や会社の方が美味しく感じるのが普通です。

「安定性」は社員の雇用期間とビジネスモデルの安定性です。外資系コンサルティングや投資銀行は高年収でないと雇えないし、その人材でないと利益が出せない。ただし雇用期間は比較的短期なので高い報酬になるのです。新卒を成長させるケースもありますが育成コストがかからない人材を中途採用し、即稼いでもらうのはそのためです。基本的に定年まで働く業界であれば育成期間や定年後の退職金まで会社が負担するとなるとその分コストがかかることもあり、報酬水準はあまり高くはあげられません。

どんなに儲かっても、そのビジネスの寿命が短いと、その業界の人たち全員に高い報酬を払い続けることは難しくなります。ルーズソックス、白いたい焼き、ハイパーヨーヨーは覚えているでしょう。一時流行りましたが、今はもう見る機会はほとんどありません。というように流行り廃《すた》りが激しいビジネスは一時どんなに大きく儲かってもボーナスを一時的に上げるくらいしかできません。

ミクシィは2017年発表の「一人当たり営業利益が高い企業ランキング」（東洋経済オンライン）で2位。一人当たり約1億4000万円も営業利益をあげていますが、平均年収は694万円なのはそれが理由です。実際、同調査で2015年のランキングではトップ500社の圏外でした。

業界のビジネスモデルが「導入」「成長」「安定」「衰退・再展開」のどのフェーズにいるかも影響します。導入期や成長期ではキャッシュが潤沢《じゅんたく》ではないので、従業員に多くは配分できないのは致しかたないのです。大企業の課長がベンチャーの部長に転職、課長から部長に肩書はあがっても報酬は大企業時代の7割に落ちるなどの現象は**今貰っている報酬額＝市場価値ではないことの表れ**です。導入期や成長期のフェーズの業界は若い人が多く、報酬水準は低めになる傾向があります。

ＩＴ系でビジネスモデルがあっという間に成長したり、衰退したりするなど激変する場合は、業績がいい時はボーナスは上がりますが、いつビジネスモデルが吹っ飛ぶかわからないため業界水準を超えて自社の報酬水準をあげることは難しいので注意してください。

「人材の需要と供給」も大きな要素です。人材の需要より供給が少なければ、高めの報酬を出さないと人が採用できないし、よりよい条件の会社に引き抜かれてしまうリスクも高まります。逆に人材の需要より供給が多いと候補者が余り、よりよい条件の会社へ移るリスクも減るので報酬は低めになります。

人材の需給バランスでみると地域により報酬水準差は生じます。都会より地方の方が報酬水準が低くなることは体感的にもわかるでしょう。報酬水準の差は賃金統計をみればすぐわかります。業界別の市場価値（報酬水準）は業界別モデル年収ランキングをみるのが一番早いです。いろんな統計がありますが調査対象が限定的な事も多いので、『会社四季

報』などをベースにしている2018年に東洋経済が発表した40歳モデル年収ランキングをご紹介します。（図5）

これを見ればマクロの傾向は摑めるでしょう。しかし、ここにいくつか盲点があります。サイバーエージェントやメルカリなど、一部の会社では初任給額を資格などで変える動きがありますが、大半は横並びで差が数万円しかありません。業界別の報酬水準を知らないと、35歳を過ぎたら、出世に関係なく、新卒同期の間に埋められない報酬格差が発生します。日本では新卒から若手の時はあまり報酬水準に差がつかず、35歳を過ぎたあたりから報酬格差が広がるように賃金カーブが設定されていることが大半だからです。

カフェの仕事は大好きですが、35歳を過ぎても年収300万円でこれ以上は上がる見込みがない。もう、カフェの店長か店員でしか転職できない。若い時に知っておけば……とならないよう、必ずチェックしておいてください。

「あなたが転職した時にいくらで売れるか？」も重要です。通常、転職時に大幅に報酬をあげることは難しいのです。仕事の値札は「ビジネスモデルの収益性」と「人材の需要と供給」の関係で決まるのですが、**現在の年収水準を加味した上で調整が入るから**です。

図5

全国「40歳年収が高い500社」ランキング TOP　20社

順位	社名	40歳推計年収（万円）	平均年収（万円）	平均年齢（歳）	本社所在地
1	M&Aキャピタルパートナーズ	3,514	2,994	31.5	東京都
2	キーエンス	2,226	2,088	35.9	大阪府
3	ストライク	1,937	1,777	35.0	東京都
4	マーキュリアインベストメント	1,787	1,822	40.8	東京都
5	GCA	1,630	1,559	37.3	東京都
6	ヒューリック	1,534	1,530	39.8	東京都
7	三菱商事	1,473	1,540	42.7	東京都
8	伊藤忠商事	1,423	1,460	41.6	大阪府
9	日本M&Aセンター	1,419	1,319	35.7	東京都
10	三井物産	1,372	1,419	42.1	東京都
11	日本商業開発	1,331	1,370	42.0	大阪府
12	朝日放送グループホールディングス	1,330	1,478	43.6	大阪府
13	ソレイジア・ファーマ	1,319	1,576	48.4	東京都
14	ファナック	1,313	1,347	41.5	山梨県
15	丸紅	1,288	1,322	41.6	東京都
16	電通	1,269	1,272	40.1	東京都
17	住友商事	1,247	1,304	42.7	東京都
18	三菱地所	1,214	1,229	40.8	東京都
19	シグマクシス	1,209	1,149	36.9	東京都
20	ドリームインキュベータ	1,181	1,060	33.8	東京都

出展：東洋経済オンライン　最新！全国「40歳年収が高い500社」ランキング
https://toyokeizai.net/articles/-/234145?page=2

なぜなら報酬設定は上限・下限の範囲の中で決まるからです。（図6）

係長は年収450万円で全員一緒という組織はほぼありません。会社の報酬制度の設計にもよりますが、通常は報酬額に上限と下限と幅を設けています。なので、今の報酬額が低く、値札が高い仕事に転職が決まったとしても、下限までの範囲に収まるなら、現状維持か気持ちだけ少し報酬があがるくらいが現実です。喜んだのは最初だけ。同じ仕事をする同僚はあなたより、はるかに報酬をもらっていることがわかると釈然としないでしょう。

しかも、その会社の報酬設計にもよりますが、係長から課長に出世しても、課長の報酬の下限内で収まるなら報酬額は少ししか上がらないということも起きうるのです。出世しても入社時の安い報酬額が付きまとい続けるのです。

ゆえに、**向いている仕事が一番大事で、次に重要なのが儲かる仕事につくこと**です（図7）。向いていることなら、好きでない、やりたくないことでも、実際やってみると、やりがいも湧いてくるので段々好きになってきます。結果がでても好きだとは思えない時があったら冷静に仕事相手やお客様にフォーカスしましょう。

林修先生はビジネス書のベストセラーをいくつも出されていますが、ビジネス書を書くこと自体は好きではなかったとＴＶで発言されていました。編集者に「自己啓発書」を書

図6　転職時の報酬の実態

元の報酬水準が低いと、その近辺の報酬額に落ち着く

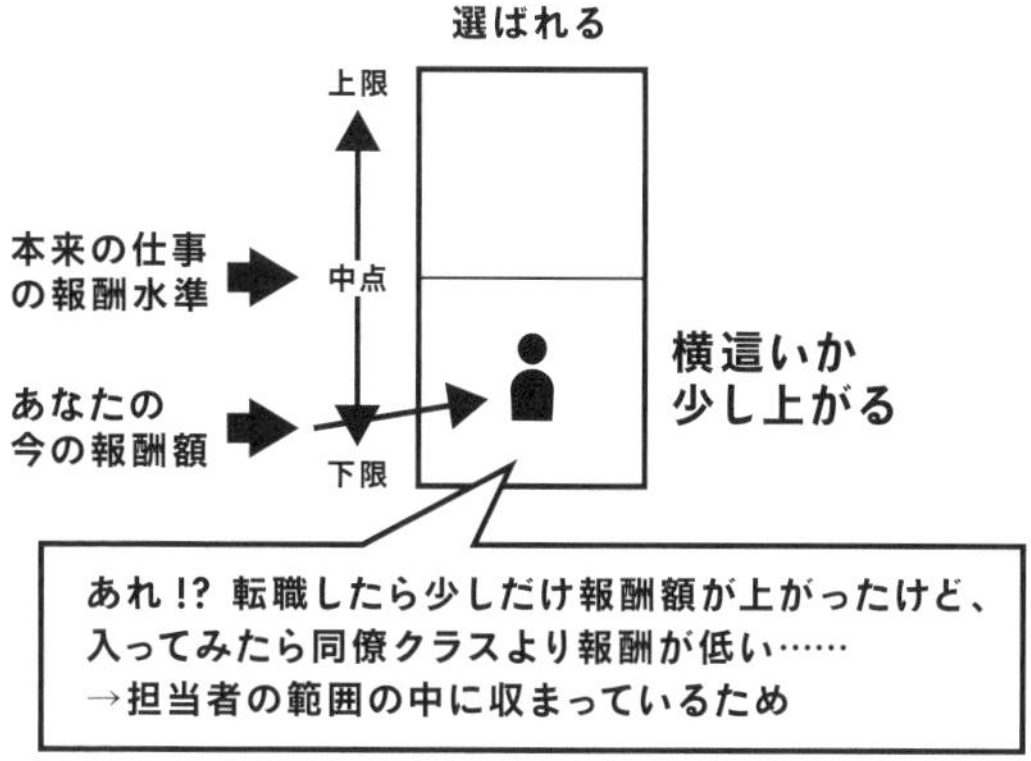

出世しても元の低い報酬水準を引きずる

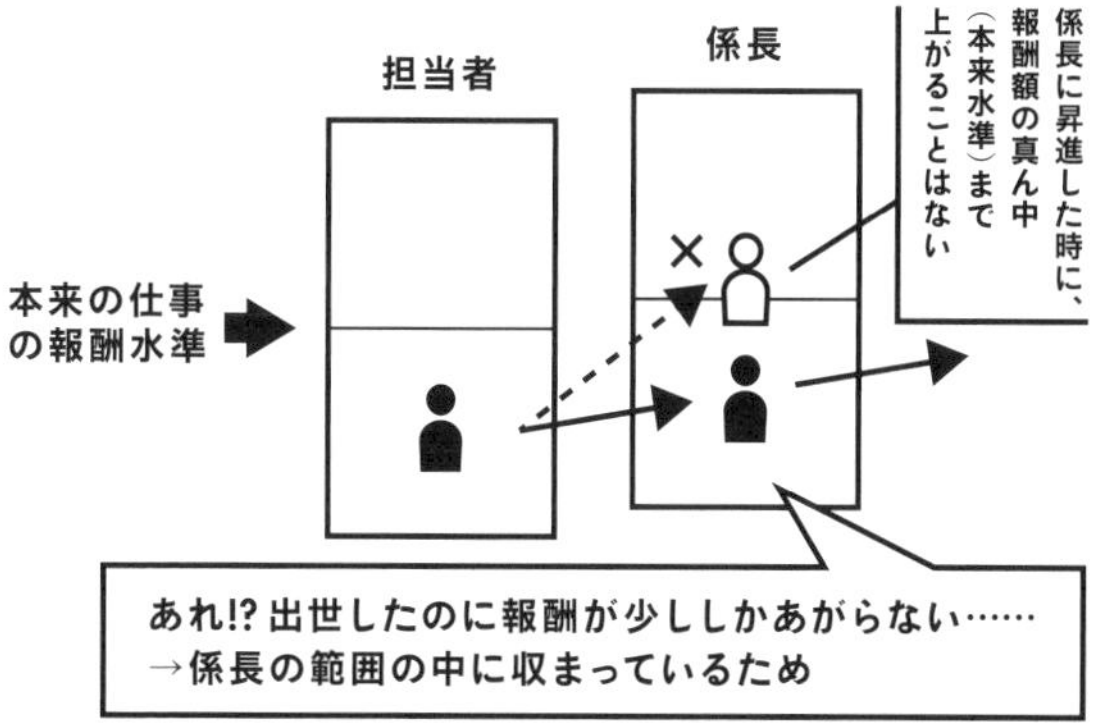

▶ **元の報酬額が低いと、どこかで評価されて大きく昇給しない限り、先々の転職先の報酬額にまで影響する（ずっと安い報酬のまま）**

いて欲しいと言われて、「予備校講師なのに、編集者からみたら自己啓発書がかけるように見えるのか。なら、やってみよう」と手掛けたそうです。結果、ベストセラー連発。今でも自己啓発書を書くこと自体は好きではないが、求められ、関わった編集者が喜び、読者が助かることなら、やりたいと自分の中で自己啓発書を書く意味合いを変えたそうです。ちなみに『すし、うなぎ、てんぷら 林修が語る食の美学』(宝島社)は林修先生が本当に好きで出した本と紹介していました。この本だけが売れなかったそうですが、Amazonではプレミア価格の中古がでています(笑)

好きなこと、やりたいことの前に、向いていることをする。向いていることを好きにする。**向いていて、儲かることをやることで、結果、自分をいつでも好きな時に高値で売ることができる**ようになるのです。(図8)

ポイント　まずは自分に向いていることを探し出す

図7　市場で高く売れる人材になる仕事を選ぶ

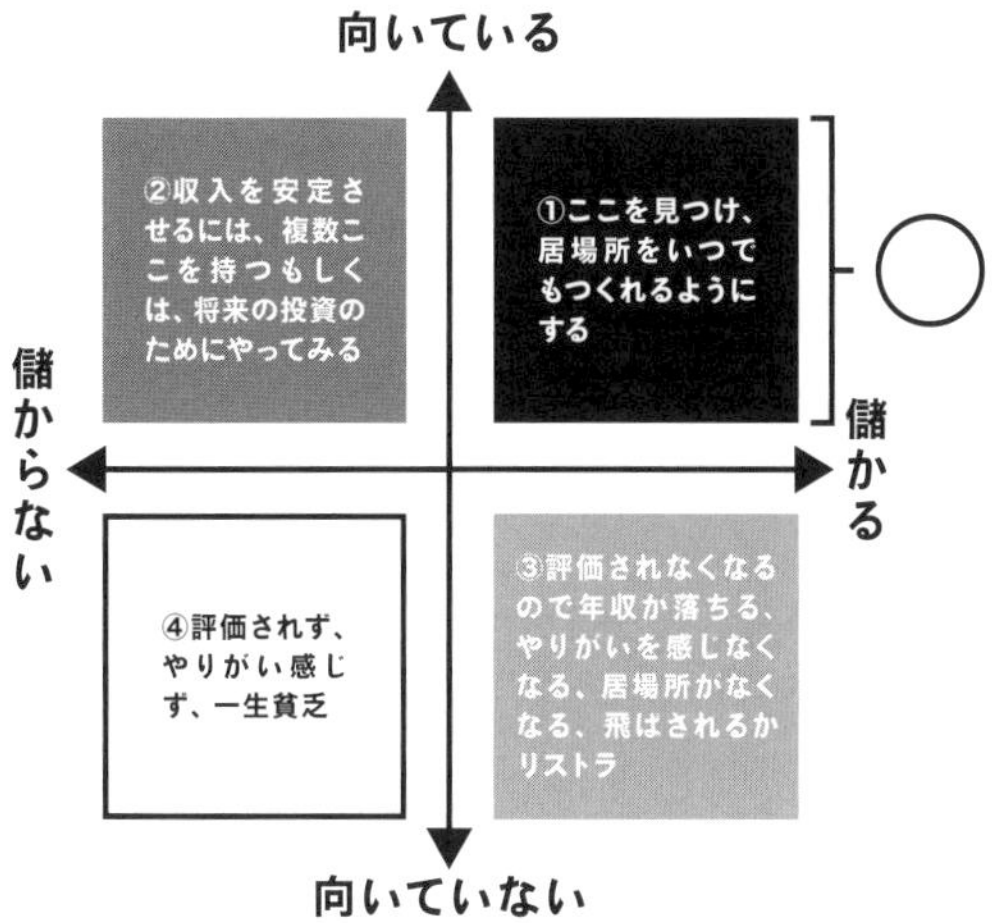

図8　向いていることと、やりたいことの関係

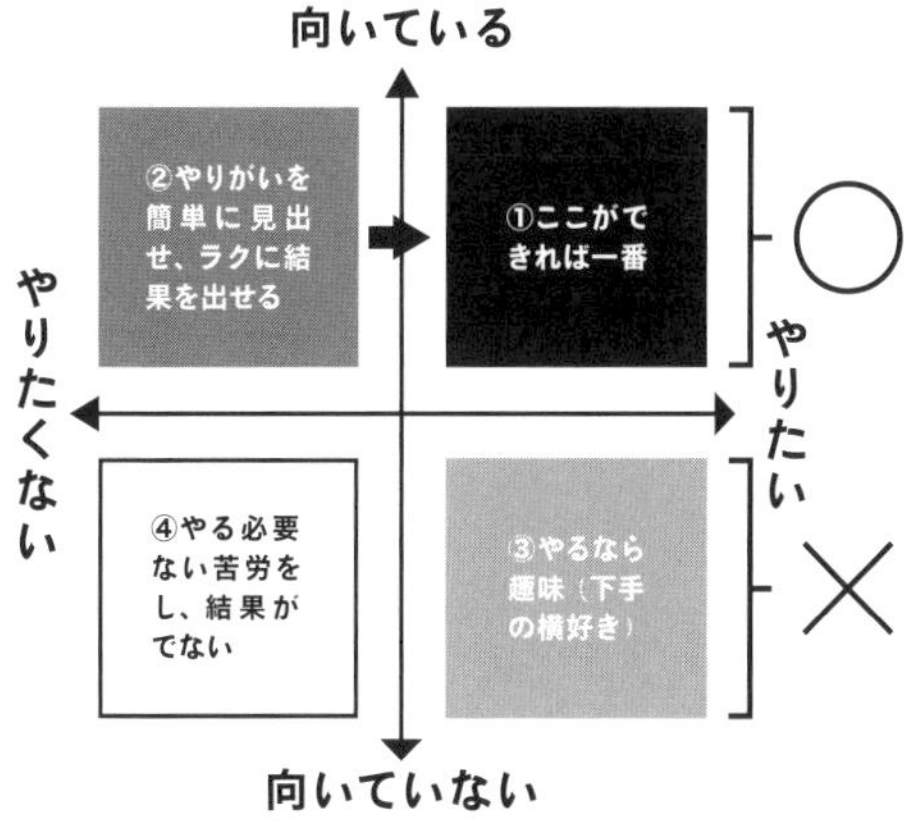

事業のライフサイクルで自分に向いているフェーズから出ると死ぬ

「大企業からベンチャーにいったら人生がアドベンチャーになった」という人は、実は大量に存在します。その企業の卒業生会、同期会、同窓会、趣味の会から姿を消すので気づくと見なくなっています。恥ずかしくて引っ込んでしまうのですが、そういう方を仕事柄多くみてきました。

逆に大企業からベンチャーに移って成功している人もいます。

その差は何か。事業のライフサイクル「導入」「成長」「安定」「衰退・再展開」のどのフェーズが自分にあっているかを知り、そこから出ずに異動や転職をするので成功しているのです。（図9）各フェーズの特徴を解説します。

①導入期： 限られたお金と人手を貴重な資源としてビジネスを成功させるため、様々なチャレンジをするフェーズです。また世間で受け入れられているビジネスではありません。新しいアイディアを紡《つむ》ぎあげるだけでなく、信頼を得るために品質のバラツキがないようにする気配りも大事です。このフェーズではワンマンか同志が集まり組成されます。ビ

ジョンや構想力がある社長とその応援団が集まるFacebookのようなスタイルが今風でしょう。今、ここにいる仲間で未来を夢見てチャレンジする仲間意識が高い人が集まります。そしてある時、市場の摑み方がわかり、一発当てると次のフェーズに向かいます。

②成長期：成長期の初期段階の社内は躍動感に沸き、活気づきます。前向きな取り組みに果敢にチャレンジします。導入期や成長期の失敗・成功の経験は小さな組織では共有が速く、成長の確度も高まります。「売上が全てを癒《いや》す」状況となり、売上も規模も急成長していきます。経営企画、マーケティング、人事など、組織の機能がわかれていき、やがて安定期を迎えます。

③安定期：我社の儲かるビジネスモデルが確立し、計画的に仕組みと管理で組織を動かしていくようになります。伸びが落ちてくるので差別化・ブランディング、効率化を行うなどして、利益とビジネスモデルの寿命を保ちます。

④衰退・再展開期：市場の変化により、ビジネスモデルが終焉《しゅうえん》を迎える段階です。一部の

リーダー企業はキャッシュを生み続けることができますが、それ以外の企業は、撤退するか、イノベーションにより新たな価値の創造を行うか、どちらかになります。

それぞれのフェーズで求められる資質は異なります。

仕組み化しルールを決め、守らせる安定期に資質がフィットした人は、成長期の売上が全てを癒す、勢いはあるけれど、先々は安定的に読めず、ほころびが出ても、何とか状況対応しながら支えていく状態は不安でストレスしか感じません。安定期向きの人なら成長期だとフラットな文化なのに、階層をつくり、指揮命令系統で動かそうとするなど、安定期の組織で成功したやり方を持ちこもうとして逆に浮いてしまい、居場所を失うのです。

サイバーエージェントの取締役統括の曽山哲人さんいわく、サイバーエージェントでは新規事業の提案を社内で集め、藤田晋社長が最終的に承認したとしても、事業の立ち上げに関しては「その事業の立ち上げに向いている」人材でアサインします。事業アイディアを生み出すことと、成長させる人材は異なることを多くの失敗と成功から学んできたからだそうです。

図９

事業のライフサイクルと資質の関係

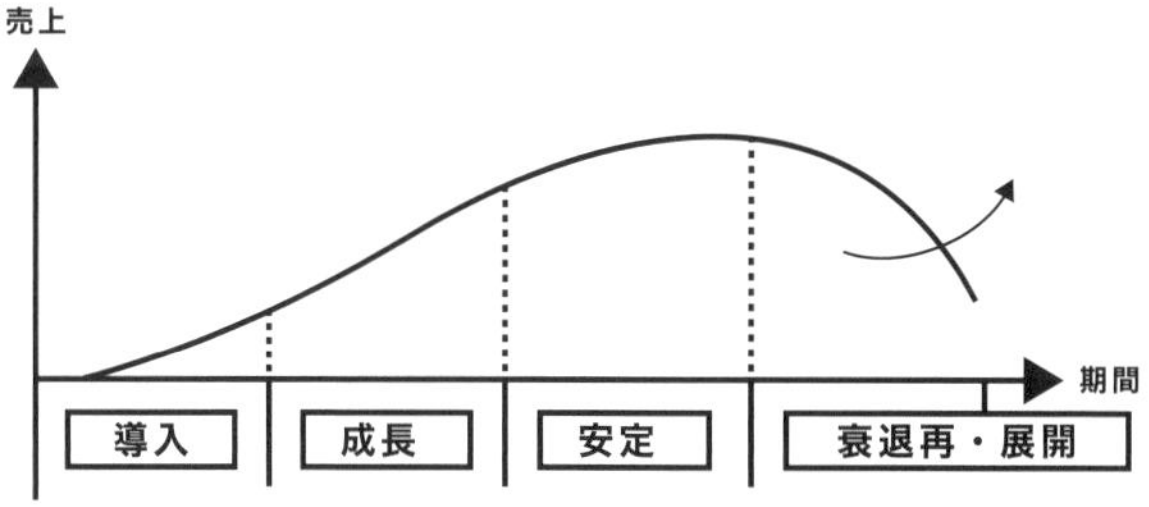

安定期のIT企業のSEが急成長期のWEB企業のSEをやれるとは限らない

事業のライフサイクル×儲かる業界×向いている仕事が正解（M&A後に日本組織を守る、首切り専門人事部長など）

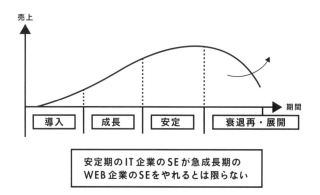

例を出しましょう。私の友人で「首切り屋」と呼ばれる人事部長がいます。彼の転職先では必ず3年以内にリストラが起きると知られているので名前は出せません。彼は衰退・再展開期が得意なので、必然とリストラ担当となりますが、一発で成功させ、去る人、残る人にとって一番いい条件でおさえ、事業も再展開への道をあがり、再浮上が見えた段階で次の組織に移ります。60歳近くになりますが、今でも引っぱりだこです。

「誰もが嫌がるけど、実は向いていて得意」という業務分野で、未来永劫なくならないものが見つかれば、ある意味最強です。

例えば、日系企業で外資系に買収された会社の、外資系企業が出す無理難題を、論理的に納得させ折り合いをつけ、日系企業の体制を守る（ディフェンシブすると言います）役割を担い、成果を出したりすると引く手あまたです。「外資系企業に買われた後、日系企業側を正しくディフェンス出来る人材」と労働市場の中で「タグ」がつきます。

外資系企業の日本法人の経営陣でも外資系企業のトップダウンでくる無理難題（日系企業の視点から見るとですが）を、納得できる形で海外のより上位職の方に折り合いをつけられる人はごく限られています。

最初はある技術分野で、専門用語の世界で片言の英語でも折り合いをつけた経験があれば、その経験だけでも大きく評価されます。ディフェンスする機能がうまく果たせない企業は多いし、外資系企業に買収されるケースもゼロにはならないでしょう。対応出来る領域を広げていけばより大きい企業でより高いポジションで迎えいれられるでしょう。

外資系企業の日本法人の社長だけではなく日系企業がどう海外子会社に方針を伝え、まとめていくかという、海外事業本部の責任者のポジションも見えてきます。

年収も2000万単位（それ以上の可能性もあり）。退職金も役員となると高くなります。

早期リタイヤも可能になるし、その知見を活かして出版する。大学等で客員教授の依頼があるかも知れません。数十名程度の会社からスタートしても、ここまで登り詰めることも可能なのです。具体的には次ページ以降で解説します。

ポイント　事業のライフサイクルの中で向いている所でのブランディングが美味しい

問⑤ その会社で本当に活躍できるか自信がありません

答　資質との相性でみる。

「仕事とフィットするか」はダイレクトにわかる。

会社のカルチャーとフィットするかは経営理念を「YES／NOの判断基準」に落とし込んでてみればわかる

資質がフィットしていれば仕事の成果はラクに速く出せる

転職先でちゃんと貢献できるか、不安はつきものです。今までの経験から、ある程度仕事はできる自信はあるけど保証はない。営業職から経営企画職に変わるなど、仕事内容が変わる場合、その期待と不安は日増しに大きくなるものです。

あなたの、新しい会社や仕事（転職でなく社内異動含む）との相性は、実は事前に8割以上は摑めます。

「仕事」と「会社の価値観」とあなたの資質がマッチするかをみればいいのです。

苦手な相手とのコミュニケーション面はどの組織でも発生するので後述しますが、上司や職場の仲間との相性の根っこもわかります。仕事と資質の相性は解説しましたので、ここは会社や職場との相性中心に解説します。

A社で優秀だった人が、同業のライバル会社のB社に移ったら結果が出ず、評価されず、普通の人になってしまったという話はよく聞くものです。

仕事と本人の資質はフィットしているはずなのに、なぜこんな事態が起きるのか？

それは、**その会社のカルチャーと合わないからです**。会社のカルチャーは経営者の哲学、ビジネスモデル、歴史などから形成されていくものです。カルチャーは言わば「空気」。無色透明の壁になります。元からいる社員は、壁を無意識にかわすことに慣れ過ぎて違和感に気づきません。外からくると、その壁にぶち当たるのですが透明で見えないゆえに成果が出せないのです。

会社のカルチャーは経営理念（ビジョン、ミッション、バリューなど）としてまとめられていますが、ちゃんと摑むにはコツがあります。

そもそも、**会社のホームページ、会社案内、採用案内、ブログ、メディア実績には「いいところ」しか書いていないことは、あなたもわかっているでしょう。**

会社と個人の関係は結婚に近いものがあります。立場も対等です。結婚期間中はお互い幸せな関係でいるために、努力しましょうというスタンスです。

ここで質問です。あなたは、これから付き合おうと思う初対面の相手にいきなり自分のダメダメなところをＰＲしますか？　しないですよね。

嘘は言わないけど、まず、いいところを見せよう。気に入っていただき、お付き合いが始まったら徐々に本当の姿をみせていくという手順になるはずです。会社の場合、インターンなど、実際に内部で一定期間仕事をしない限り、転職後、配属されてから、本当の姿を知ることになるのです。

ご安心ください。ここを見抜く方法を伝授します。

ポイント　あなたと企業の相性を事前に知る必要がある

企業カルチャーとの相性をYES／NOで引き出す

会社のカルチャーを知るには経営理念の癖を知りましょう。日本の会社の9割以上の経営理念はA社からB社に変えても全然気づかないくらい曖昧《あいまい》です。

経営理念には、実は実現できていない理想を書いているケースも多いからです。

その実態を見抜くためには、経営理念を読むだけでなく、YES／NOの判断基準に落とし込んでみましょう。会社の経営理念は、その会社の物事のYES／NOの判断基準になっているのが本来の姿だからです。そして、その判断基準を、

①自分の資質にあっているか

②本当にその判断基準どおりに意思決定をしているか

この2点から裏を取るのです。こうすれば、その会社の本当のカルチャーがあぶりだされます。

経営理念がハッキリしている会社は外から見ても判断基準が明確です。

アップル社の故スティーブ・ジョブズが出した経営哲学は「Think Simple」です。「シンプル」をYESにすると、反対のNOは「複雑」になります。

確かにスティーブ・ジョブズ氏の時代のアップルはシンプルでした。iPhone のデザインもシンプルでボタンの数は最小限。マニュアルもなしで操作可能。iPhone のラインナップも少数に絞り込み、その世界観や性能、デザインで世界を圧倒する反面、シンプルな分だけ生産ラインも絞り込み、コスト削減や在庫リスクを減らすことにも成功していました。

これを複雑にしてしまうとブランドイメージにブレが生じ、ファン離れに繋がり、生産コストも在庫リスクも高まってしまいます。機能、デザイン、生産、販売までシンプルで一貫することで競合にない価値を生み出していたことはあなたもご存じの通りです。

このように、**会社の経営理念を取り出し、それをYESとするなら、反対のNOは何かを書き出せば、会社のカルチャーの背骨がハッキリみえてきます。**

何がYESかNOかがわかれば、それがあなたの資質とフィットするかみえてきます。

私はわたし。会社は会社で経営理念に沿って判断すればいいと割り切るのもいいですが、自分の資質とフィットした方がストレスは激減します。コツは3段階で分解することです。

最初は経営理念の項目を書き、YESと置きます。例を出して解説しましょう。

「みんなで決める文化」（YES）

次に今書いた経営理念の項目のNOを書きます。反対の意味のキーワードを置けばOKです。

「みんなで決める文化」（YES）→**「トップダウンはない」（NO）**

最後に、**「ゆえに、どんなことが実態でありそうか」**を書きます。

「みんなで決める文化」（YES）→「トップダウンはない」（NO）→ゆえに「権限を与えてくれないのでは？（いちいち決済承認が必要では？）」、「みんなで決める分だけ意思決定のスピードが遅いのでは？」など、思いつくものを書き出していくと「ベンチャーと言うが、実は堅実なカルチャーなのではないか？」などと仮説が立ちます。

これを全ての項目で実施し、つじつまがあうように一本背骨が通っているか、矛盾がないかを精査します。その上で、この判断軸で実際に意思決定が行われているかを聞けば、実態のカルチャーが見えてきます。確認する時は直球で質問するといいでしょう。

直球を投げた時の相手のリアクションで嘘か本当かがわかります。

組織のカルチャーはＹＥＳ／ＮＯの判断の積み重ねで生成されます。

カルチャーになる判断は「瞬時」です。無意識レベルの判断基準なので空気になるのです。ゆえに、相手がＹＥＳ／ＮＯで判断しやすいように直球で投げるのです。

直球を投げてデッドボールになるのが懸念される時は、ひと工夫すれば大丈夫です。「ふと、思ったのですが……」と前置きすると角が立ちません。そして、一度ポジティブに解釈していることを伝えた上で聞くのです。

さらに、特に注意すべきは矛盾点です。「みんなで決める文化」なのに「イノベーション」も経営理念としてあったら、矛盾しているように見えるのでチェックが必要です。なぜなら、実態の真逆を目指す姿勢として経営理念にいれるケースがあるからです。そういう会社が圧倒的なことを忘れないでください。

ポイント　経営理念はうのみにせず、経営や現場の判断基準を探る材料として使う

2

自分軸にあった
市場を見極める

格闘技、シューティング、ロールプレイング、スポーツ、花札。ゲームにより、ルールも技も勝ち方も違います。ゲームにより得意、不得意もでてきます。誰もが全てに万能なスーパーマンではないからです。

仕事も同じです。仕事により向き・不向きがあります。

どんなに儲かる仕事でも、あなたに向いていなければ活躍できません。楽しくもないでしょう。逆の見方もあります。**あなたに向いている仕事なら、儲かる業界や組織に移った方がお得です。**労働統計によると、同じ「経理」の仕事をするなら、TV局なら年収1000万円をこえますが、介護職なら350万円程度です。

同じ仕事でも業界により年収が変わるのはなぜか？

ビジネスモデル（儲かる仕組み）が違うからです。

儲かりにくい業界はどんなに大変な仕事でも高い年収は出せません。利益が出にくいので払いたくても払えないのです。

逆に儲かりやすい業界であれば簡単に稼ぐことができるのです。

ただ、待ってください。**今儲かる業界であっても、未来永劫儲かる保証はありません。**また、年配者がたくさんいるなどで昇進できず、平社員のままなら給料はあがりません。

所属した業界や企業により、箔の付き方も変わってきます。

所属するだけで、あなたのブランドアップに繋がり、有利に「転」じられるチャンスが舞い込みやすくなる企業もあります。

そう、業界だけでなく、「市場」全体の目利きができないとゲームオーバーになることは、あなたもみてきたでしょう。名前は出しませんが、ブイブイ言わせていて時代の華だった業界や企業が10年たったら、すっかり落ちぶれる。気づいたらなくなっていることも多いものです。

この章では、ビジネスと人事の視点から、あなたに向いている市場と、その市場にあったスキルと報酬の伸ばし方について解説します。

自分軸の「市場」はフェーズ×場所で決まる

キャリアは3つの視点で考える

自分軸でキャリアを考えるベースとなるのは資質です。

多すぎて選べないキャリアの選択肢を資質で絞りましょう。資質にあえば速くラクに結果を残しやすくなるからです。（図10）

自分軸では、キャリアは3つの視点で考えます。

①「事業のライフサイクル」の中で自分がフィットするフェーズはどこか？

②「自分にあった居場所（業界・職種・会社）」はどこか？

図10

自分軸でキャリアを考える

例　フェーズ×職種で「居るべき市場」を確定する

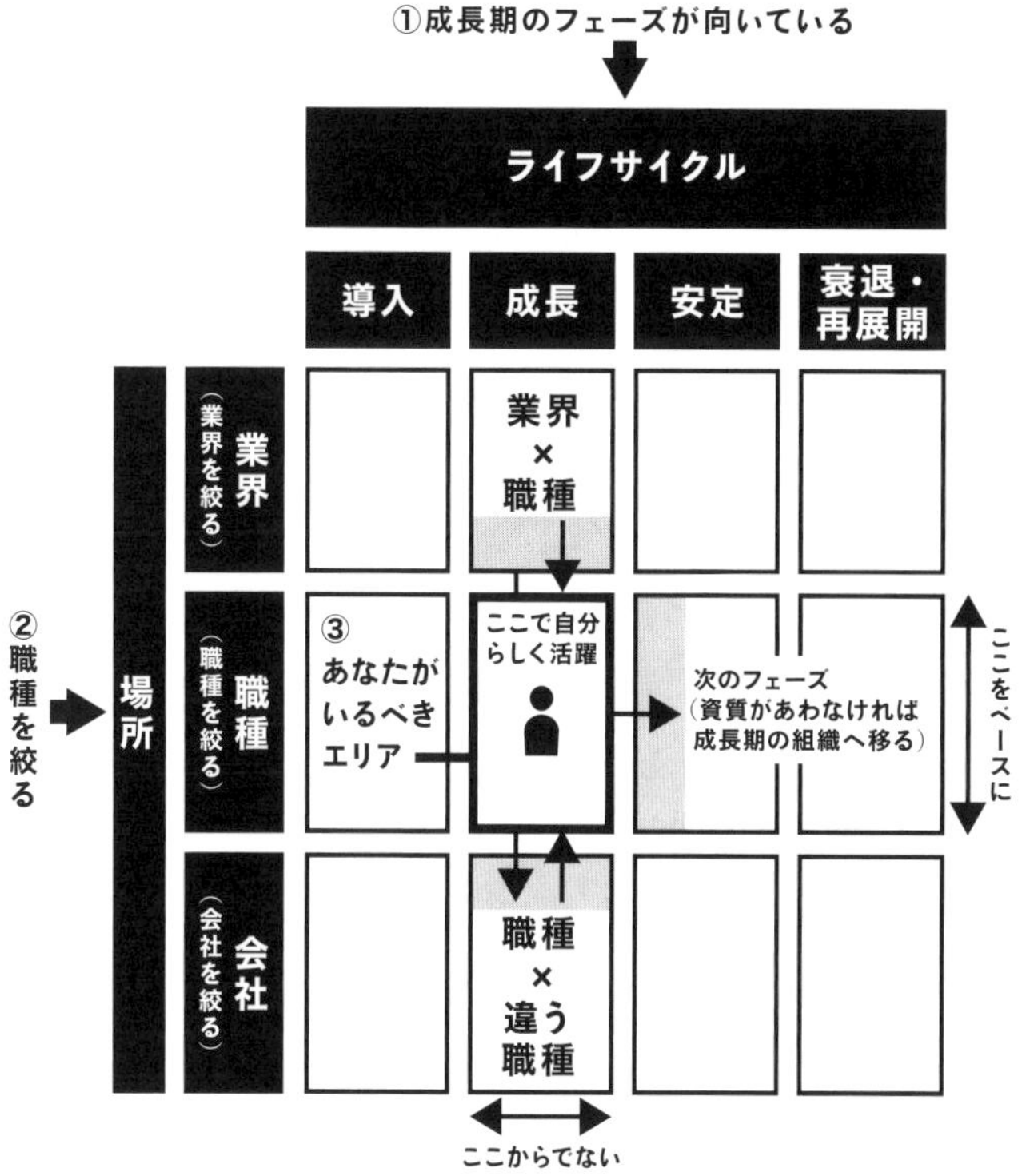

この2点であなたがいるべき「市場＝居場所」が確定します。その居場所で、

③ ①と②で絞った居場所で、「自分のキャラ」で活躍し、成長する

という図式になります。

まずは自分のキャラにあった市場を選ぶことから始めましょう。

①の「事業のライフサイクルのフェーズ」の選択はゲームで言うとジャンルです。シューティング、格闘技、カーチェイスなど、どんなジャンルが自分のキャラで有利に戦えるのか、その根本の立ち位置になります。

事業のライフサイクルで「導入」「成長」「安定」「衰退・再展開」の、どのフェーズが自分に向いているか、ここを外すと危険なことは1章で解説しました。

図11にライフサイクルの各フェーズに求められる資質例を示したのでご覧ください。

続きまして、②の「自分にあった居場所」ですが、ゲームやアニメでたとえると、戦闘局面です。『ONE PEACE』だと「魚人島編」「ドレスローザ編」のような、ある一定期間でクリアするものです。

ビジネスでは業界・職種・会社の3つの選択肢があり、局面により行き来スライドしながら、自分らしくレベルアップしていきましょう。

場所はどこを基点に考えればいいかというと、新卒は「会社」を、中途は「職種」を基軸に考えていくといいでしょう。

新卒の場合、一部の職業別の専門採用以外は配置は会社が決めることが圧倒的です。希望の職種を担当させてもらえるとは限りませんし、希望外の人事異動で偶然のチャンスをかじることで、眠っていた資質が花開くこともあります。いずれにしても置かれた場所で咲きながら、自分に有利な異動をひきよせていくことになります。

一方、中途は即戦力が期待されます。ゆえに、過去担当してきた職種の経験を問われるので、メインとなる職種を基軸に、業界経験や他の職種経験などを加えてオリジナルに仕上げていくことが現実的です。

自分の可能性の幅を広げるには横の「のりしろ」経験を重視しましょう。

事業のライフサイクルのフェーズは「導入」「成長」「安定」「衰退・再展開」の時間軸で進み、逆進行はおきません。次のフェーズへの差し掛かり部分が横の「のりしろ」です。横ののりしろ経験で眠っていた資質が開花すれば、2つのフェーズまで対応できる可能性があるので一度体験し見極めるのも一考です。いずれにしても「のりしろ」に差しかかったら、苦手なフェーズに移る前に自分が得意なフェーズの会社や組織に動くタイミングとこころえましょう。

最後は③の「自分のキャラ」の操作です。ゲームと局面を選び、実際に自分を操作してスコアをあげ、強くなり、障害を乗り越え、クリアしていく活動です。格闘技ゲームなら「力」「技」「速」と3つの属性があり、その中に数種類のキャラがあり、そこから選ぶことと一緒です。属性とキャラの違いにより得意な技や武器も異なります。

現実世界では、自分の資質を組み合わせて技やコンボを出していくことになります。

これは3章以降で詳しく解説します。

ポイント　事業のライフサイクルのフェーズは固定、場面は状況で行き来する

図11

ライフサイクルのフェーズで求められる人材タイプ

フェーズ	事業を伸ばす方向	能力要件	資質(例)
導入	① 新しいことを考える人材タイプ	・リスクをとってチャレンジする。 ・クリエイティブなアイディアを生み出せる ・いろいろなアイディアを受容する ・あきらめない	創造性、適応性、自己確信、未来志向、成長促進などが高く、規律性、慎重さなどは低いほうがよい
成長	② 走りながら、今のビジネスを太くする人材タイプ	・自分達のやり方を走りながら考え、改善しながら物事を前に進められる ・現場レベルで柔軟な対応と人間関係が築ける、飽きずに徹底できる	統制性、競争性、達成意欲、活発性、改善志向などが高いことが好ましい
	③ 海外で展開する人材タイプ	・自分たちのやり方をその背景の思想から説明できる ・基準からのズレやミスを修正する ・育成マインドにあふれる	目標志向、ポジティブ、活発性、適応性、社交性、責任感などが高いことが好ましい
安定	④ ルールや仕組みに沿って今のビジネスを太くする人材タイプ	・自分たちのやり方をそのまま真面目に徹底できる ・現場レベルで柔軟な対応と人間関係が築ける、飽きずに徹底できる	統制性、目標志向、達成意欲、規律性、改善志向などが高いことが好ましい
衰退・再展開	⑤ 最適化する人材タイプ	・対立を解消し融合する ・捨てるものを思い切って捨てられる ・現実的な解を導き説得する ・ストレスに対して強い	戦略性、目標志向、ストレス耐性、責任感、創造性などが高く、社交性は低いほうがよい
のりしろ	⑥ 策士の人材タイプ	・全体を描く発想と目先の改善のバランスをとれる	戦略性、創造性、分析思考、対人影響などが高いほうが望ましい

フェーズにより活躍できる人材タイプは異なる

ライフサイクルのフェーズに応じて活躍できる人材タイプは異なります。

導入期：①新しいことを考える人材タイプ
成長期：②走りながら、今のビジネスを太くする人材タイプ
：③海外で展開する人材タイプ
安定期：④ルールや仕組みに沿って今のビジネスを太くする人材タイプ
衰退・再展開期：⑤最適化する人材タイプ
横の「のりしろ」：⑥策士の人材タイプ

先ほど図11に各人材タイプの能力要件と資質（例）を書きました。当然、**フェーズ毎にメインで活躍できる人材タイプは異なるので、人材タイプにより求められる能力と資質は異なります**。ビジネスを太くする人材タイプは②と④があります。仕事に求められる機能は同じですが、フェーズとの相性が異なります。②の成長期の時は、売り方や作り方などを模索しながら、走りながら考えていく段階です。曖昧さを受容しながら、前向きにドンドン新しいことを考え、試し、成功すればルール化、仕組み化して他の人でも同じような結果が出せるように広めていくことが求められますが、④は、仕組み、序列、ルールに沿い、守りながら前に進めていくことが求められます。安定期は成長期のルールがきちんと定まっていないところを走りながら考える人材タイプは窮屈《きゅうくつ》でしょうがありませんし、成長期は安定期の人材タイプはルールや仕組みが決まっていないと怖くて動き出せません。ある意味、真逆の資質が求められるので見極めが肝心です。

海外に今のビジネスを持ち込み、広めていくのは、国内のそれとは求められる資質が異なります。何を飲み食いしても壊れない頑丈な胃腸。どこででも寝られるタフネスさ。言葉が通じなくても現地の街の方々と旧来の友達のように仲良くなれる社交性など、日本国内では求められない資質が必要になるからです。

IQや能力が高くても資質は補えません。 安定期のエリートが、海外の成長市場へ赴任しても機能しなくなることはよくあることです。いきなり胃腸を壊す。現地語がわからないことを理由に溶け込めない。ルールや仕組みが決まっていないので不安。曖昧さが許容できずプレッシャーやストレスで睡眠不足になる等、結果も出ず、心も折れて帰国してしまうのは資質とフェーズのマッチの問題だからです。

エリートは打たれ弱いこともありますが、フェーズが合わないと優秀な人でも活躍しにくいのです。

横の「のりしろ」は次のフェーズへ移る変革期です。導入期から成長期、成長期から安定期に移るようにビジネスモデルを強化・刷新、仕組み化・制度化を行います。全体を描く発想と目先の改善のバランスをとれる、いい意味の策士が求められます。場合によっては衰退・再展開期でリストラや事業再生を行うこともある特殊部隊です。

１００％のフィットでなくても構いません、自分の資質が一番フィットしそうなフェーズを図11の人材タイプを参考にを選びましょう。

それがあなたのキャラクターの土台になります。

ポイント　フェーズは理想ではなく現実で選ぶ

フェーズ×場面でクリアするコツは全部違う

では、実際にフェーズ×場面の攻略するコツを解説していきましょう。（図12）

①導入期

導入期は創業者がリスクを取って起業するタイミングです。創業経営者の家族、友人、知り合いを口説いて始める。もしくは、ベンチャーキャピタルの紹介で財務や営業部門の立ち上げ屋として雇われるタイミングです。なので、**創業経営者やベンチャーキャピタルと個人的に繋がっていない限り、中々ご縁がありません。**繋がるなら創業経営者候補の方が集まる「村」を発見し、仲間に入れてもらうことです。村を見つけるコツは、SNS等で創業経営者の繋がりを調べ、勉強会、飲み会仲間にしてもらうことがスタートです。

導入期の資質、独立時に必要な資金調達や市場を掴み、這ってでも売上をあげる営業やマーケティングの実績があると声がかかりやすくはなります。

ただ、**導入期から成長期のフェーズに入ると創業メンバーの大半は入れ替わります。**経営幹部の機能と求められるスキルが変わるので致し方ありませんが、生涯年収を考えるなら導入期は資金繰りが大変な時期なので高い報酬は望めません。**導入期と成長期の「のりしろ」部分である上場するタイミングまで残り、ストックオプションや株の売買益を手に入れるのが勝ち組です。**本格的な成長期の前に後任に席を譲り、次の創業チャンスで声がかかるようにセルフブランディングをしていきましょう。

②成長期

どんどん成長している事業の主流に自分の資質を合わせましょう。ビジネスモデルを作った策士と既存の事業を太くすることが得意なタイプには一番美味しいタイミングです。

事業が太くなるスピードと一緒に、自分も出世することができるからです。組織が大きくなり、有名になるにつれ採用ブランドもあがり、自分より優秀な後輩がたくさん入ってくるので、その神輿《みこし》に乗るのが一番の勝ちパターンです。

キーは入社するタイミング。**早い者勝ちなので成長の兆しが見えたタイミングで入社するのが得策です。**安定期に近づくにつれ、現場仕事の椅子は増えますが、上位職の椅子は増えなくなるからです。

成長期の一番のリスクは目の前のことに追われていると、いつのまにか安定期に突入し

てしまうことです。成長期はビジネスの成長スピードに人の供給が追いつかなくなります。最優先課題ばかりが山積みの状態で全てが同時進行で進みます。結果、採用も粗くなり、ミドル層が育たないまま組織が一気に肥大化します。個人戦で戦ってきた創業メンバーのゲリラ部隊から組織や制度が整い人材の粒が揃い、安定的な組織運営ができる軍隊組織になる段階には、安定期に片足以上、突っ込んでいます。俗にいう**「うちも会社らしくなったな！」という声がチラホラでてくる頃**です。ここが危険です。安定期に入ったことに気づかないと、ゆでガエル状態になり、成果が出せず、キャリアの賞味期限に寿命がきます。

成長期と安定期では活躍する人材の資質が違います。成長期を支えた功労者として既にある程度出世しているので、誰からも強くフィードバックされません。だから、気づけないのです。なぜゆでガエルになるかというと安定期はしょぼん！　と加速はしませんが、安定的に堅実に成長するからです。安定期でも初期の頃は業績や組織規模は成長しています。ゆえに、安定期に入ったことに気づかないのです。会社とともに成長してきた自分の歴史があり、組織に愛着と誇りを持つようになるので、余計正しく自分を見つめることができなくなります。

成長期：走りながら考えてなんとかしよう。コストがあがっても売上でカバー
安定期：計画通り、きっちり進めるのと同時に、オペレーションを効率化しよう

というように成長期と安定期では求められる人材要件が違うので、噛み合わなくなります。「あの人は過去の人。老害」という陰口が蔓延《まんえん》してきますが、追い出すまではいかない。

このゆでガエル状態は危険です。口コミはSNSの世界ですぐ広まるので同業でも「オワコン」と認識されてしまいます。仮に成長期の企業に移れても時代感覚が古いままでアップデートが追い付かないため、やっぱり過去の人、となってしまうのです。

成長期に向いた人は、安定期ののりしろの局面まできたら、次に伸びてくる会社に飛び乗るのが正解です。業界全体が伸びている時であれば同業で狙うのが一番です。同業ゆえに入ってくる情報がメディアより早いからです。メディアにでると応募者が急増するので手遅れです。**同業で成長期を先に経験した人材であれば高く買ってもらえます。**成長期でマネジャーまで出世したら、移る先ではシニアマネジャーなど一つ、二つ上のポジションで移れる可能性が高いのです。

③安定期

安定期になると主流の事業を太くする人材が溢れ返ります。組織の上は先駆者で占められ、組織の成長スピードも緩やかになり出世は遅くなります。主流事業の幹部候補として選ばれた人以外は、ただの駒になります。誰でも一定の品質で仕事ができるようにオペレーションが細分化され、効率化やコストダウンが重要な打ち手の一つになります。

安定期は主流事業の駒でいると危険です。アウトソースやロボット化で仕事が外部や機械に置き換わるようになるので、あなたの椅子がなくなるかもしれません。大企業になると機能別子会社（システム、生産、物流、バックオフィス）等をつくり、部門ごとに転籍させられることも多々あります。報酬は市場価値に合わせ低くなります。片道切符で一生、出世も報酬も仕事も塩漬けにさせられるケースを600社以上でみてきました。

安定期では売上・利益が高く、規模も大きい企業を狙うのが正解です。

業界を絞るなら同業No．1企業を目指すのが一番です。No．1には一番、お客様、チャンス、人材が集まるからです。狭い業界なら認知度も同業No．1が圧倒的です。日本で一番高い山は富士山なのは誰でも知っていますが、2番目に高い山は知られていないと聞いたことはあるでしょう。それと一緒です。

ここで1点注意。**同業No．1に入る余裕が全くない場合は、業界自体のビジネスモデルが終焉《しゅうえん》に向かっていないかを確認しましょう。**古き良き日系企業が同業No．1だと、新卒で入社しない限り、中途はピンポイントの塩づけ採用のリスクもあります。職種を絞るのであれば、異業種の安定期でより大企業を狙う方が報酬も個人ブランドもあがります。

業界ではなく1つの会社に絞った時はどうすればいいかというと、ズバリ、安定期は「逆張り」が正解です。**安定期の人材は主流事業を太くする人ばかりなので、逆張りするとライバルがいないのです。**

例を出しましょう。図11で書いた導入期の人材が、**子会社等で新規ビジネスを立ち上げることは美味しい**です。安定期は既存の事業を太くする人ばかりなので、新規ビジネスを立ち上げる資質を持っている人が劇的に少ないからです。**大企業は根回しさえすれば、数億円以上の大きな予算を平社員でも動かすことができます。**

会社の看板が後ろ盾なので、会社のネットワークも使いたい放題です。上司になる人はエースか外された人のどちらかになりますが、どちらでも有利です。エースとつながれば一緒に動くことで仕事を教えてもらうことができます。一緒に出世していくことも可能です。社内のあなたの認知度も鰻《うなぎ》登りです。外された人は、新規ビジネスは全くできません。なので、あなたに全て任せてくれるので好きに動けます。**独立やスタートアップ企業で起業するより社会的信用度、ネットワーク、予算規模が格段に違う上、あなたは人生のリスクを負わなくて大丈夫です。**

いい企業は安定期もしくは安定していて資金が潤沢《じゅんたく》のときに新規ビジネスを仕掛けています。富士フイルムがそうですし、Amazon や Google も事実そうです。

安定期で仕掛けてうまく行っていない企業は経営者の資質をみましょう。**経営者がプロ経営者に変わった時は狙い目です。**日本コカ・コーラで社長を務めた魚谷雅彦氏が入社してから資生堂が元気になった姿は、皆さんもお気づきでしょう。日本マクドナルドも経営者が変わり、息を吹き返しました。事業ライフサイクルのどのフェーズに強い経営者かを見切るのが要諦です。一方、サラリーマン社長の役員集団は危険です。ただビジネスモデルだけがゾンビのように残っているだけであれば、この本を熟読していつでも転職できるように備えましょう。

④衰退・再展開期

資質があっていれば、実はこれから狙い目のフェーズです。**安定期から衰退・再展開期にいる企業が日本では圧倒的だからです**。M&Aや事業再生のコアを引っ張れる人材はマーケットでまだまだ不足しています。あなたの会社の業績が悪く、リストラや事業再生を考える段階まできたら、リストラを通達される側ではダメです。「リストラ・事業再生のプロジェクト」メンバーに入りましょう。リストラ・事業再生は一度やると事業に関する土地勘が使えます。やる事やステップはどのプロジェクトでも共通しています。プロジェクトは監査法人、弁護士、金融機関等の専門家と社内の一部の人材で組成されます。事業再生独自の専門的なところは専門家が担当してくれるので安心です。一発でリストラを成功させ、去った人も残った人も一番いい形で再浮上させる醍醐味は、資質があっている人であればこたえられません。事業再生を成功させ、その会社に残ってもいいですし、事業再生請負人（ターンアラウンドマネジャー）として活躍する道も現れます。

ポイント　自分の年齢と事業ライフサイクルのフェーズの展開スピードは違うので注意

図12

場面別、キャリアの成功のコツ一覧

この時間軸で進み、昔に戻ることはない →

	導入	成長	安定	衰退・再展開	リスク
業界（業界を絞る）	自ら起業か知り合いから声がかかる	次にくる同業の会社にジャンプ	同業NO.1を目指す	業界から逃げる	業界がなくなる
職種（職種を絞る）	専門職能（技術、経理等）として声がかかる	一発当て次にくる会社にジャンプ（異業種含む）	社員規模をあげる（安定期の中小→大企業）	事業再生専門家（プロジェクト単位の雇用）	仕事がなくなる（AIやアウトソース）
会社（会社を絞る）	新規事業社内起業（子会社等）	向いている仕事に集中（成長の波にのって出世）	本業エース以外は逆張り	事業再生チームで再浮上	会社がなくなる

ただし、ライフサイクルは時間でフェーズが変わるため、向いていないフェーズに入ると、キャリアが詰むリスクがある

事業のライフサイクルで変わる「席」の数の変化とその兆し

事業のライフサイクルはある瞬間に変わるわけではありませんが、見極めるポイントがあります。図13に示しました。

ライフサイクルの潮目は細かく挙げると多数でてきますが、普通に働く人であれば、ここで紹介した社内の変化は肌感覚でわかると思います。

もう一つの特徴は人事面です。

採用と昇進が変わります。**採用は中途採用から新卒採用に大きくシフトした時が潮目です。**

新卒は即戦力ではありません。育成するためには上司、先輩にも負荷がかかります。それだけの負荷・コスト・期間をかけても新卒採用を中心にするということは事業が安定し、計画的に成長軌道にのった証拠です。

成長期も中半から後半でない限り、企業はこれだけの負荷は耐えられません。

成長期であれば組織の拡大に応じてポジションができるので出世は速いですが、成長が鈍化する安定期になると上位職の席は埋まり、出世が遅くなります。「今までは新卒で早ければ3年でリーダーになれたのに、最近は5年かかるね」などの声が出始めると安定期です。

出世が遅くなりますが、新入社員は毎年一定数入ってきます。日系企業は外資系と違い、社内の先輩・後輩の序列を今でも意識するケースも多く、**役職名をたくさん増やすのも安定期の特徴です**。ポストがないのでサブリーダーや副部長、課長代理など「サブ」「代理」「副」と組織の階層やレポートラインに関係ない役職名が増えだします。

管理職のポストが空かず、「スペシャリスト」など、専門職が用意できるのもこの頃です。

新卒採用人数を絞ったり、ボーナスが減ったり、衰退・再展開期への移行は誰でもわかりますが、社内にいる人は受け入れたくありません。昇進がなく、ボーナスが減り、社員数が減っても「欲しがりません、勝つまでは」と我慢・忍耐モードになります。**企業は赤字が3年続くと赤字の状態に慣れ、麻痺します**。最後は、金融機関がお金を貸してくれなくなり、資金繰りが回らなくなると撤退・リストラ再生への道となります。

事業のライフサイクルに応じて用意される椅子の数も変わってきます。

椅子の数は、導入＜衰退・再展開＜成長＜安定です。

注意は安定期です。**最近は事業のライフサイクルだけでなく、情報システム部門、バックオフィス、物流部門など機能別の子会社化やアウトソーシングの名の下に、社外に椅子が移動してしまうこともよくあるからです。**

椅子ごと社外に出されてしまわないようご注意ください。

ポイント　冷静に社内で起きている現象をみてフェーズの進行を正しく掴む

図13

事業のライフサイクルと「席」の数の変化

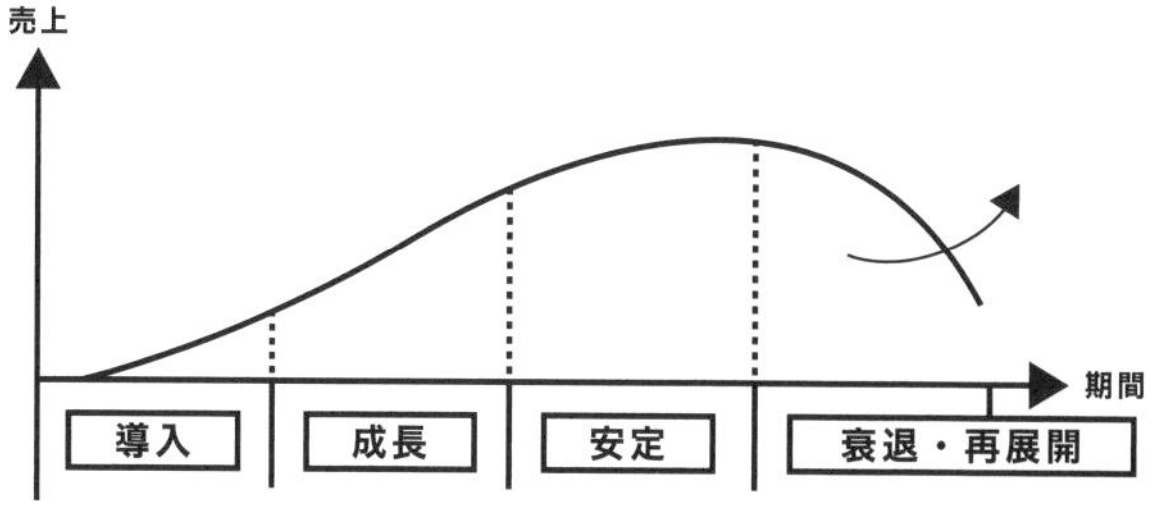

	導入	成長	安定	衰退・再展開
	一発あてる	創業メンバー抜ける	会社っぽくなる	同業同士でM&A／新しい競合との競争に負ける
フェーズの転換期に起こること	市場の掴み方がわかってくる	MBAホルダーや上場経験者等が幹部で入る	仕組み化 オペレーションを効率化	システム化・アウトソーシング さらに効率化／撤退・売却・リストラ、再生など
席 数	少	中（急増）	多（微増・維持）	多→少
席 種類	知り合い・友人を引き抜き	中途採用中心（即戦力）	中途→少（ピンポイント専門家）	再展開の時に事業再生のプロを極少数
席の場所 社内	中途数名採用（仲間・出世遅）	組織の成長に合わせ出世速	上が詰まり出世遅→新卒採用数減	事業売却や再生の請負人が数名
席の場所 社外			子会社出向 アウトソーシング	譲渡先へ転籍 リストラ

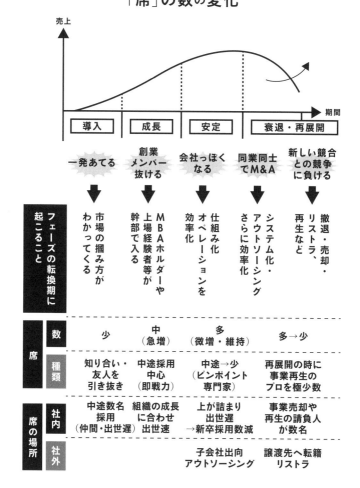

市場の見極め方を知る

業界×職種×会社を見切る

前項で横軸であるライフサイクルの各フェーズの特徴を見切るポイントについて解説しました。続きまして、縦軸の業界×職種×会社の見切るポイントを解説します。

業界：報酬水準が高い業界、市場が伸びている業界、最低限の資質があう業界を選ぶ
職種：職種別に最低限必要となる資質とのフィット
会社：会社の価値判断基準と資質のフィット

を基準に考えるとスッキリします。順にみていきましょう。

①業界の報酬水準と実態は、その業界の人に聞く

業界の報酬水準は公的な統計をみれば一発でわかります。総合商社、コンサル、メガバンク、生保・損保、マスコミなどが高給としてでてきます。金融系は外資系になるとさらに報酬水準は跳ね上がりますが、注意が必要です。グローバルでは担う職務に応じた報酬水準が決まる職務給ですが、日本は年齢や勤続年数に応じて報酬があがる年功的な報酬体系は払拭されていません。**高齢者の就業人口が多いため、報酬水準が高めにでているリスクもある**からです。統計により集計する前提も異なります。厚生労働省、人事院、中労委など、定期的に報酬調査を行っているデータをみると差が生じているので注意が必要です。

みなさんが**肌感覚で業界の報酬水準を掴むにはベタですがその業界で働いている人に聞くことです**。部長でいくら、課長でいくらという報酬水準だけでなく、残業や有休取得の傾向などを、その業界で働いている人は掴んでいるからです。実は高齢者と残業が多いので報酬水準が高いデータがでていたなど、統計には表れない実態を掴めるからです。

何歳で平均いくら収入があるかを調べておきましょう。エネルギー業界のように潰れることなく（M&Aはありますが）、安定的に収益を上げている業界は年功的に報酬があがる仕組みになっています。逆に人材紹介会社など、若いうちは一気に報酬が上がり、30代

に入ると頭打ちになるケースもあります。人事や賃金の専門家にならないのであれば、業界の人に聞くのが一番速いです。

②市場が伸びている業界はライバルも伸びているかを調べる

市場が伸びている業界は早くのったもの勝ちです。ライバル企業が存在し、数が増え同じように伸びている業界は魅力ですが、意外と業界の中の人は、どこまで市場が伸び続けそうか摑み切れていないことも多いものです。

ここはベンチャーキャピタルや投資ファンドなどの動向を見ましょう。投資先の一覧はホームページにあります。友人・知人がいればダイレクトに聞くのが一番ですが、株主や投資先をみて、信用金庫やメガバンクだけでなく、ファンドを含めどれだけ資金をつぎ込んでいるかをみることで、市場の伸びの期待感は摑めます。ファンドは投資先の事業の価値があがりきったタイミングで売却するので、市場が伸びて再投資するか、売り切って市場から離れるかで潮目はわかります。

③職種別のキーとなる最低限の資質は聞くのがはやい

日系企業は新卒ではプログラマー、一級建築士などの一部の職種以外は職種別採用を行っていません（外資系では職種別採用が基本です）。職種別採用は経験者のみで、新卒の配属は会社が決めるのでコントロールできません。

職種別のキーとなる資質は、その仕事をしている人に聞いてしまいましょう。コツは「最低限何ができないと向いていないと思われますか？」と最低限の条件を聞くことです。あるべき姿を聞くと理想論になってしまい、スキルや経験も加味されてしまい収集がつかなくなるからです。どんな職種でも最低限の資質があっていれば、あなた独自の「ありがとうの声」や資質を活かしてキャリアを高め、広げていけばいいのです。

日系企業では職種と資質のフィットより、会社の価値観とのフィットを重視した採用をします。

ポイント　報酬水準が高い、市場が伸びているところで、資質がフィットする会社を選ぶ

場所別、市場価値のあげ方はこれだ

業界内でオリジナルになるには王道×一番弱い職種

業界内で動く際、基本的に同じ職種が期待されます。ＩＴ業界でエンジニアならエンジニアとして、ＩＴ業界の人事なら人事として活躍するのが一番に見えます。業界内の文脈や独自性が肌感覚でわかるからです。確かに、ＩＴエンジニアならベンチャー↓中堅↓大手と昇ることは可能です。大手になれば報酬水準も福利厚生もあがる可能性は高まります。人材サービスでも大手４社の社内システム構築を担当した、となれば、人材サービス業界の社内システムを知り尽くしたエキスパートというブランドにもなるでしょう。

ここで少しお待ちください。この方法は王道ゆえに狭い山を登ることになります。もっと大きな企業や有名な人が現れたら負けてしまいます。ここぞ横にスライドしましょう。**業界の王道の職種で一定の成果を収めたら、横にスライドする**のです。ＩＴ業界であればエンジニアから人事に移ると美味しいです。IT業界は慢性的な人材不足。経営の一番の課題に人材の確保と育成を掲げるケースも多々あるくらいです。エンジニアから人事に移り、エンジニアの立場から採用や人事制度を設計して成果を収めると、その会社では一番ありがたい存在になります。他の会社から事例を聞かせて欲しいと問い合わせがくるなど、会社を代表して業界内に存在感を示せるようになります。

エンジニアとして業界内に存在を知らしめるより、ラクで速いです。ライバルが圧倒的に少ないからです。同様に**どの業界でも王道の職種で一人前になった後に、一番困っている職種にキャリアスライドをすればいい**でしょう。王道職種、一番困っている職種、王道×一番困っている職種、とキャリアの切り口が3つになり、キャリアのオプションが増えるのでお勧めします。

ポイント　業界で人気が一番格差のある職種を2つ以上、経験する

職種に絞る場合は、規模を意識する

職種やキャリアを絞る場合、ずっと同じ会社にいると危険です。中小企業に10年いたら「中小企業専門の〜」という前置きがついてしまい、中堅企業、大企業に移ることが厳しくなります。成長期の企業に飛び移っても、長年沁みついた習慣や経験はぬぐえません。成長期のスピード感についていけなければ、すぐ放り出されてしまいます。この場合、目安は3年です。長くても5年です。

基本的に、3年で職種の専門家として、同じライフサイクルのフェーズでキャリアを高め、広める視点を持ちましょう。人事でも会社の規模があれば採用、労務など、担当が分かれています。事業側をサポートする人事という選択肢もあります。人事としてマルチに活躍するか、テーマを絞って突き抜けていくかは資質と相談しましょう。1章で示した衰退・再展開期専用人事だけでなく、上場を専門にしている人事スペシャリストも多数存在します。

職種だけに絞るといつのまにか10年たってしまいます。

事業再生→M&A→急成長など、一つの会社にいても役割が大きく変わり、血肉になるのでしたら、その会社でも大丈夫です。社歴がある方が、組織を動かしやすくなることも有利です。ただし、ここにも落とし穴があります。

同じ役割で社内ベテランになるのが一番危険です。この**社内ベテラン職は実は作業的な要素が多いケースが大半だから**です。時期がくればアウトソーシングかテクノロジーに置き換えられ、お払い箱が確実になります。

お払い箱になると次はありません。他の会社も同じようにテクノロジーで置き換えてしまうので、わざわざ雇わないからです。

ポイント　3年に1回は同じ職種でも役割か居場所を変える

会社に絞る時は利用しつくす

会社に絞る時は規模が小さいと運命共同体になります。マーケターやコンサルタントなどの専門家集団でない限り、次への道は厳しくなります。運よく老後まで働き続けられるか、いい会社に買収されることを祈るしかなくなります。会社に絞る時は、急成長していて勢いがある企業、もしくは大企業のどちらかにしましょう。キーは権限があるか、もしくは権限があるくらい組織を動かせられるかです。急成長していても超ワンマン経営で社長以外は作業員であれば実力はつきにくいです。ある程度任せられる前提で、成長期にあった資質を活かせれば意味があり、楽しい仕事ができますし、出世もします。

大企業であれば、逆張りや新規事業はすでに解説しました。逆張りの一つですが、**戦略的に子会社に移ることで選ばれたエリートを演出することもできます**。エリートは子会社に出向して経営課題を解決することで経営感覚を高める訓練をするからです。自ら同じように動くと上司や人事の評価はさておき、転職市場ではエリートに見えます。ただ行き先は間違えてはいけません。片道切符ではなく、任せてくれそうな子会社トップに根回しし、出向して手柄を立てられるように企てるのです。

ポイント　大企業は人事異動と根回しを活用する

図14

場所別、市場価値のあげかた

	業界で絞る	職種で絞る	会社で絞る
ポイント	重要度　高 ❶業界の王道 + ❷人気が低い 人数多い 人数少ない 作業員 社外へ 重要度　低	業界×職種→転社でキャリアアップ or No.1企業への転職を目指す	本体 王道で破れたら逆張り → 子会社 子会社で活躍して本体逆輸入か社外へ
特徴	業界の王道と、人気がないけれど、重要度が高く人数が少ない仕事の組み合わせが一番美味しい	職種で絞るパターンはどちらも王道なのでライバルは多い （資質をかけてオリジナリティを出す）	王道の出世コースでいけるのは全社員の5%（候補いれて15%） 仕事を太くする人材ばかりなので逆張りが効く
例	IT業界： 「技術職出身の人事」など	人材業界大手4社を全て経験した社内情報システムエンジニアなど 中小SIer→大手SIer →IBMなど	子会社で新規事業の立ち上げと撤退を2回経験 →ベンチャーの幹部へ

3

自分軸で売れるキャラを確立する

「NewsPicks」「東洋経済」などでは、これからの時代に必要な考え方やスキルについて多くの識者が語っています。

年齢は関係ありません。藤原和博さん、ホリエモン（堀江貴文さん）、見城徹さん、落合陽一さん、キングコングの西野亮廣さんなど、「なるほど！」と目から鱗が落ちる視点やノウハウを、それぞれの視点から惜しみなく提供してくれています。

時代観とファンの心を鷲摑みにしていることはあなたも納得するでしょう。

でも、頭で理解しても、その通りに実践できる人は1割もいないのはなぜか。

誰でもできるくらい具体的な行動方法を説いているのに動けないのはなぜか。

それは、それらの方法があなたのキャラ＝自分軸に沿っているとは限らないからです。

キャラに合わないことは、頭でわかっても動けないのです。

少し動いてみたけど、しんどくて続かない……

期待ほど結果がでないので、やり切れない……

その結果、挫折するのが普通です。あなたは、藤原和博さんではなく、ホリエモンでもなく「あなた」だからです。

この章では「あなた＝自分軸」の元となる**資質を見つけるノウハウを、性格学・心理学から科学的に見つける方法を解説します。**そして、資質を組み合わせ、あなたオリジナルの「キャラ」として確立するノウハウも惜しみなく提供します。

「なりたい自分になる」など、自己啓発の世界でよく聞くいい加減な怪しいノウハウではありません。

このオリジナルなキャラを確立し、自分軸で成長していく方法は、GEをはじめ、世界で成功している大企業が選抜リーダーを速く確実に育成するために行っている方法なので、再現性は1ミリも心配がありません。

成長企業がキーとなる人材を採用する時にも実は裏で押さえていることなので、外資系や大企業だけでなく、日系やベンチャー企業でも、どこでも、誰にでも当てはまり、使えるものになるので安心してページをめくってみてください。

「自分のキャラ」の組み立て方を知る

「ありがとうの声」を集めるとキャラが見えてくる

2章で示した人材タイプは事業のライフサイクルの居場所を知るだけです。資質をコンボする、唯一無二のあなただけのオリジナルキャラになるには、ただ単に資質をたくさん炙《あぶ》り出して並べてみても自分のキャラはハッキリしません。トランプのカードをただ5枚集めても、ゲームを何にするかを先に決めなければカードは意味を持たないのと一緒です。

「ポーカー」か「大富豪」かで使うカードの枚数が変わります。「大富豪」では3のカードは通常は最弱ですが、革命の時ならジョーカーの次に強いカードになります。手持ちのカードで一番有利なゲームを選ぶことが勝利に繋《つな》がりやすくなるように、仕事人生も自分の手持ちのカードの特徴を知ることで、有利なゲーム選択ができるようになります。

最初に、あなたの手持ちのカードの傾向から、一番強いカードを選びます。

それがあなたのキャラになります。ルフィなのか、サンジなのか、ナミなのか。キャラが決まると使える技や武器がみえてきます。ビジネスでも一緒です。キャラが決まれば自分の資質というカードの組み合わせがみえてくるのです。

早速解説します。**自分の資質の一番強いカードは「ありがとうの声」です。**

「ありがとうの声」はP32で解説した通りです。同じ事務の仕事でも「正確でありがとう」「速くてありがとう」など、人により違います。

ここでは、「ありがとうの声＝メインの資質」と置きます。

例：成長期×今のビジネスモデルを太くするタイプ×「気が利いて」ありがとう
成長期×今のビジネスモデルを太くするタイプ×「正確で」ありがとう
成長期×今のビジネスモデルを太くするタイプ×「いつも速くて」ありがとう

ありがとうの声が入るだけで、キャラの骨格や違いがうっすらみえてきます。

ありがとうの声を知るには２つあります。

・自分は普段、どんな「ありがとう」を言われるのかを思い出し、書き出す
・あなたに仕事を依頼してくる人に「私に頼む一番の理由」を直接聞く

日本の職場では仕事をした行為に対する感謝以外は意外と声に出して言わない風習があります。なので、仕事の依頼者に直接聞いてしまうのが早道です。人は自分で自分を客観視するのは困難です。なぜかというと、どうしても、「いい姿」を見せたい動物だからです。自分だとどうしても「こうありたい。こうみられたい。実はこう思っているのだ」という主観が抜けない。もしくは、目指す姿に足りない現状を嘆《なげ》いていて、必要以上に自分をマイナスにみてしまうかのどちらかなのです。

「俺は本気を出せばできる」「私は眠れる虎で、今は世をしのぶ仮の姿」だと思っていても、周りはそうはみていないでしょう。眠れる虎は起き方を知らないからです。普段できないこと、やっていないことは、いざとなってもできないものです。

経費の精算がいつも遅れるなど、今やっている習慣が今の「あなた」なのです。

あなたの主観は心の中なので周りからはみれません。しかし、行動している習慣は丸見

えです。

ですので、自分は周りから何が得意そうに見えるのかを聞くのが手っ取り早いです。意外と他人は冷静にみてくれています。それが、今のあなたのメインキャラなのです。

この時のコツは、「いや、そんなことはない」というような言い訳や抵抗をせずに黙って素直に聞くことです。

「斉藤さんは、いつも締切り前にミスなく完璧な状態で書類を出す」など、あなたも職場の方々、お一人お一人を客観的にみているでしょう。仕事の得意・不得意、癖などを知らないと、やり直しが発生するなど、いろいろややこしくなるからです。客観的にみた声を集めてみると、職場のみんなの認知は一致するものです。それくらい、周りは冷静かつ、目線もあっているのです。職場の関係者に聞くことは2つです。

- **私に頼みたい仕事って、どんなものがありますか？**
- **その仕事を私に頼みたい理由の本音を聞かせてくれませんか？**

仕事は一番得意で実績がある人か、期待通りにやれそうな人にお願いするものです。

あなたに普段回ってくる仕事はどんな特徴があるか。なぜ、自分なのかを思い切って聞いてみるといいでしょう。「まとめるのが速いから」「誤字脱字・計算ミスがないから」など、仮に誰がやっても同じような仕事でも、あなたである理由＝資質がハッキリわかるのでお勧めします。

褒章制度や仕事の関係者複数名からフィードバックをもらう多面評価を行っている組織であれば、その内容を3年間分みると、あなたがどんな「ありがとうの声」を集めているかがそこに書いてあります。

この「ありがとうの声」は資質の根っ子になるので、仕事が変わらない限り変化しないことを自分でも確かめられるでしょう。

ポイント　あなたのキャラは自分ではなく周りの認知で決まる

資質を具体的に洗い出し、ダークサイドに光をあてる

実は、資質には神と悪魔、陰と陽というように二面性があります。柔軟性のポジティブな面は「状況や変化にあわせ柔軟に対応できる」。ネガティブなダークサイドの面は「計画通りに決められた通りに粛々《しゅくしゅく》と行うことには向いていない。状況対応してしまう」です。スター・ウォーズではないですが、フォースの使い道をダークな面からにするとダース・ベイダーになるイメージです。ここで注意が必要なのは、誰もがフォースをポジティブな面で活用したルークを目指す必要はないことです。**ダークサイドの面に光を当てることでオリジナルな個性を打ち出せるのです**。仮面ライダーは正義の味方ですが、その力はショッカーという悪の組織のノウハウで改造され身に付けたものです。

資質により仕事の向き不向きがわかるということは、仕事が同じであれば、「ありがとうの声」も同じようなものになるので大きな違いを出すのは難しいものです。誤差範囲の差しか出せないから自己ＰＲで苦しむのです。

オリジナルになるには、資質のダークサイドにも光を当てましょう。

では、資質を洗い出しましょう。フォースサイド、ダークサイドそれぞれを洗い出します。

（A）人より速くラクに飽きずにできることを書き出す
（B）自分の欠点やコンプレックスを書き出し、いい意味で置き換える
（C）心にひっかかること、ざわついたことを書き出す

なぜ、書き出すと資質が見つかるのか。頭の中から取り出すと人は、それを客観視できるようになるからです。頭の中だけで考えると、同じところをぐるぐる回り、悶々《もんもん》としてしまい、悩みこんでしまいます。時間も勿体ないです。さくっと書き出しましょう。コツは、判断せずに、頭に浮かんだ言葉を片っ端から書き出すことです。こんなしょぼいことは書き出すに値しない。恥ずかしい。レベルが低いなど、自分で判断しないことです。**脳は一度だした事を引っ込めてしまうと、「もっといい内容でないと出せない」とプレッシャーがかかり、案が出にくくなる**からです。

しょぼいかどうかを決めるのは、あなたではなく相手です。まずは、どんどん書き出してみましょう。判断はそれからです。たくさん書き出した自分の素の中から「これは！」と言える組み合わせを見つけていきましょう。まずは書き出すことです。早速解説していきましょう。

まずは、「(A) 人より速くラクに飽きずにできることを書き出す」です。これによって、自分のフォースの力がわかります。自分が「速くラク」にできる仕事を細かく、どんどん書き出してみましょう。

・ワリカンの暗算が速い
・宿題を仕上げるのが速い
・パソコンや事務作業が速い
・どんな人ともすぐ友達になれる

無意識にスラスラやっていることの中に資質が潜んでいます。

ラクにできるのは、その本質を摑むのが速いからこそです。「どこにポイントを置き、どこを省略するか」といったコツを無意識のうちに会得していることなのです。

では、書き出した仕事の中に眠る資質を洗い出すコツを解説します。

できる理由を書き出してみれば一発です。

・ワリカンの暗算が速いのは、**瞬間的な記憶力が高いから**
・宿題を仕上げるのが速いのは、**物事の本質を見極め、最短距離を見つけられるから**
・パソコンや事務作業が速いのは、**機器の扱いとルーチン化が得意だから**
・どんな人ともすぐ友達になれるのは、**感受性が高く、相手の興味に沿って話せるから**

そう、同じできる仕事でも理由は人によって違うのです。「すぐに友達になれる」の理由も人によって違うでしょう。例のような感受性の高さや対人理解力ではなく「絶対に受け入れてくれるという自己肯定感が高い」という理由を出す人もいるかもしれません。100%の正解はありません。「こういう理由」ではないかと思えるものがあなたにとっての正解になります。

飽きずに没頭できることを書き出すことでも資質は見つけられます。飽きずに没頭できるということは向いている証拠です。今の仕事でピンとこなかったら、子供時代に得意だったことでも構いません。ビル・ゲイツは若い頃、世界初のパーソナル・コンピューター用の言語を開発し、それがのちのWindowsに繋がりました。思つくまま書き出してみるといいでしょう。

ポイント　小さく、しょぼいことの中にも資質はかくれている

「いい意味で」で瞬時に視点を切り替える

続いて、「(B) 自分の欠点やコンプレックスを書き出し、いい意味で置き換える」をみてみましょう。

資質のダークサイドに光をあてて、フォースサイドに変換させる作業になります。人は優れているところより、自分の苦手なところは簡単に意識できます。苦手の対極が得意なことです。苦手が多いということは、それだけ秘めた資質が多いという見方もできます。欠点やコンプレックスは資質のダークサイドです。光をあてることで逆にあなたのキャラをオリジナルにする決め手になります。

さっそくやってみましょう。簡単です。「苦手なことを書き出す」、これだけです。

では、苦手なことを書き出してみましょう。次に苦手なことの反対を書くのです。

・新規開拓が苦手　↓　リピートが得意。繰り返し通い信頼を得ることが資質
・人と同じが苦手　↓　新しいコンセプトを考えるのが得意。時代の気分を感じて概念的にまとめることが資質
・無口　↓　一人でコツコツ没頭することが資質
・臆病　↓　現実的に、リスクを潰し、確実に進める策を練れるのが資質

というように苦手の反対側を考えると、意識していなかった資質がでてくるのです。苦手なことを無理に直す必要はありません。反対からみて活かすことを考えると唯一無二のあなたの才能が見つかります。

つんく♂さんが以前TVで「この歌がヒットするかどうかは、最初にアーティストに曲を渡した時のリアクションでわかる」とおっしゃっていました。

「これ私（達）が歌うのですか！」と露骨《ろこつ》に嫌な顔をした時は売れるとのことです。楽曲を提供するアーティストの魅力を突き詰めていくと、嫌で隠したいところを強調することになるそうです。

そうは言っても、人は自分をよくみせたい動物です。普通の人が欠点を魅力に変えると言っても怖くてしょうがないことは前提です。なので、今回は特別な魔法。誰でも自分の欠点や嫌いなところを魅力に変えられる方法をお伝えします。

最初に、自分の嫌いなところや欠点を書いていきましょう。

人はたくさんのコンプレックスを抱えていきています。「いいところ」と違い、不思議なくらいたくさん数がでてくるでしょう。一つ例をあげます。

・神経質
・ずぼら

次に、その欠点の下に「いい意味で」と書きます。

この「いい意味で」は「変換装置」機能がある言葉なのです。事実は1つ。でもとらえ方により、ポジティブにもネガティブにもなるものです。

事実をネガティブにみるとコンプレックス。ポジティブにみると資質になります。

見方を逆にするなら、問いかける言葉を逆にすると簡単に視点が切り替わるのです。

コンプレックスは事実を「悪い意味」でとらえている現象。ポジティブな視点に切り替えるには悪い意味の逆視点、「いい意味で」とみると瞬時に視点が切り替わり、わらわらとポジティブな資質が飛び出してきます。

やってみましょう。

・神経質　→　**「いい意味で」**
・ずぼら　→　**「いい意味で」**

その下に、実際に欠点を「いい意味で」置き換えた言葉を書いてみましょう。

・神経質　→　「いい意味で」→　**「細かなことに気づく」**
「人の気持ちが敏感にわかる」

「困った時に一番動ける」

・ずぼら　→　「いい意味で」→　**「前向き」**
「打たれ強い」
「細かいことは気にしない」

でてきたでしょう。

この「いい意味で」変換された言葉を魅力として使うのです。

勇気を出して、自分の欠点、嫌いなところを書き出し、いい意味で変換してみましょう。温かく勇気がでる言葉がたくさん出てきます。コンプレックスを乗り越える機会になるかもしれません。今のまま、そのままの自分でOKなのだという勇気もでてきて、自分にポジティブになれるのでお勧めします。

最後に「(C) 心にひっかかること、ざわついたことを書き出す」です。

①イライラしたことの中身をみつめる

レストランでお肉の焼き加減や塩の加減、スープの温度やパスタの茹で加減が気になり、イライラする人と気にしない人がいるでしょう。イライラする人は味覚に敏感で料理の資質があることが隠れている可能性が大です。料理に資質がない人は気にせずパクパク食べてしまうでしょう。日常生活の中で自分がイライラするポイントを洗い出してみましょう。なぜ、イライラするか理由を考えてみると、思わぬ資質が浮かび上がってきます。

②叱られたことをみつめる

あなたが怒られたり、叱られたりして指摘されたことは、相手や他の人との相違点です。見方を変えれば、あなたの資質が隠れている部分になります。

落ち着きがないは「行動力がある」、最後まで頑張れないは「柔軟性がある」など叱られたことの対極をどんどん書き出してみると資質がみつかります。

③落ち込んだり、嫉妬したりした理由と向き合う

他人の成果や称賛された姿をみて、嫉妬を覚えたり、落ち込んだりすることはあるでしょう。実は、この感情の裏にはあなたが一番大事にしている資質が隠れています。なぜなら、人は密かにしている得意、優れている、自信があると思っていることは常に気がかかり、他人と比較するからです。その結果、勝手に、落ち込んだり、嫉妬するからです。

蓋をあけて何が一番引っかかっているかを見つけましょう。それがあなたが大事に思う資質です。

ポイント　心がざわつくこと、欠点や嫌いなところを好きになり、武器にしよう

キャラの「素」を組み合わせよう

資質は掛け算ではなく「足し算（AND）」で魅力をあげる

あなたのメインの人材タイプ、ありがとうの声、資質の洗い出しができたら、いよいよ合体です。**資質は「ありがとうの声」の解像度をあげるものなので、「ありがとうの声」に属するものになります。「ありがとうの声」が一般的でも資質を足すとオリジナルになります。**

最初は2つの組み合わせから慣れましょう。資質の組み合わせはギャップがあった方が魅力的ですが、真逆の組み合わせは考え物です。

・王様のように豪快だが、乞食のようにセコイ

このように、真逆な資質の組み合わせだと混乱を招くことがあります。

・ベタベタな人間関係で営業している一方、業務知識にやたら詳しい
・全体を捉える一方、細かいことに気づく
・論理的に考えている一方、話し方はすごく情熱的

こういうギャップが相手を引きつけ、あなた独自の魅力になります。
ポジティブな資質を足し算していい意味のギャップを加えていきましょう。
例えば、

・人間関係⇕業務知識
・俯瞰《ふかん》（着眼大局）⇕細部（着手小局）
・論理的⇕情熱的
・論理的⇕直感的
・自信を持っている⇕ゼロベースで考える

・用意周到⇕率先行動
・正確⇕迅速

両端が、「OR（どちらか）」ではなく、「AND（両方とも）」で成り立っているところがポイントです。ANDで繋がる奥の深さ。別の言い方をすれば「器」を感じさせます。「Dead or alive」のように「OR」はどちらかに絞り込むことになるため、組み合わせてもコンボにならないからです。「AND」であれば、資質を足し算していくのでコンボは変わります。メインキャラが近い人でも、有する細かい資質は違うので、資質を組み合わせて、オリジナルの価値になるのです。

キーは、ありがとうの声のエッジを立てるように資質を足すことです。

その、ありがとうの声は仕事の提供先が決めます。

資質のコンボの仕方で「ありがとうの声」がどうかわるのか例を出して解説しましょう。

■人事コンサルタントの例

ニーズ：一番普及している制度を速く安く導入したい

ありがとうの声：「速くてありがとう」

使う資質：「迅速性、効率性」

となるとしましょう。ここに「先見性」の資質を加えると、

ありがとうの声：**「速い上に先回りして気が利いてありがとう」**

担当者は「頼んだニーズに応えるだけでなく、**私達が運用段階で困らないように（顧客志向性）**これから起きるであろう課題と打ち手を教えてくれた。私達のことを大事に考えてくれている。いい人だし、**経験も豊富そうだし（専門性）、信頼できる（信頼感）**」と、1つの資質をコンボしただけなのに、お客様のありがとうの声は「顧客志向性」「専門性」「信頼感」まで高めることに繋がりました。

そう、**ポジティブにＡＮＤで資質を加えると、相手が感じる価値はコンボで跳ね上がる**のです。

格闘技ゲームも技は単発より、コンボの方が相手のダメージが一気にあがることと一緒

です。このコンサルタント、実は経験が浅いかもしれませんが、先見性があり、先輩コンサルタントに教えてもらったり、会社の過去資料から調べたりしたのかもしれません。

対人関係にはハロー効果というものがあります。ある対象を評価する時に、それが持つ顕著な特徴に引きずられて他の特徴の評価も歪《ゆが》められるのです。遅刻が多い人は締切りも守らないに決まっている。整理整頓もできないに違いないと感じる。これがハロー効果です。ハロー効果は程度の差はあれ発生します。資質をコンボして、自分の軸にあったポジティブなハロー効果を引き出しましょう。

先ほどの例にもう一つ資質をコンボしてみます。

ニーズ：一番普及している制度を速く安く導入したい

ありがとうの声：「速い上に先回りして気が利いてありがとう」

使う資質：「迅速性、効率性、先見性」

ここに今度は「戦略性」の資質を加えると、

ありがとうの声：**「気づかなかった本質的な課題が今、わかった！　このまま進めたら大失敗するところだった。本質的な課題と打ち手がわかった」**

担当者は、**「高く広い視野から本質的な課題を設定し、速くラクに解決する方法を教えてくれた。失敗せずに済んだ。**他のコンサルタントは速くて安いけどパッケージだ。**この人は知識を教えたり、作業をしてくれる。外部の作業員ではなく、我々の参謀だ**」と思ってくれることでしょう。

ここまでコンボが効くと、競合他者は全て捨てられるでしょう。参謀ともなれば、フィーの値引き交渉もなくなります。

おわかりいただけましたでしょうか。全然難しくないですよね。資質を足すと、

- **お客様の「ありがとうの声」が幾何《きか》級数的《きゅうすうてき》に増える**
- **自分の立ち位置（セルフブランディング）がハッキリし、ライバル達の群れから離れ、オリジナルのカテゴリーになる**

その上、資質に沿っているので、速くラクに結果もでるし、ブランディングでエッジが立つことも大きなメリットになります。

ポイント　資質を足すだけで、自然に、相手の喜びとあなたの認知が2倍あがる

ライフラインで振り返ることで提供価値に厚みを加える

実は自分軸で売れるキャラを確立するには、「資質×コンボ」だけでは薄いのです。

「資質×コンボ」で提供する価値の「根拠」がないと、なかなか信頼してくれないからです。

①１００mを12秒で走れます
②１００mを12秒で走り、全国大会で優勝しました

あなたは、どちらの方が信頼できますか？　言葉に重みを感じますか？

当然②になりますよね。100mを12秒で走ったことを証明する実績があるからです。①だと実際に目の前で走ってもらわない限り、「この人は嘘をついているように見えるだろうか？」と雰囲気で推定するしかないので信用度は薄くなります。

仕事の場面でも一緒です。あなたの提供する価値を保証する根拠が必要です。ぴったりの根拠がなくても、「〇〇という実績があるなら、できそうだ」とできる感を持ってもらう必要があります。

しかし、意外と日本のビジネスパーソンは「根拠」を省略する傾向があります。「〇〇商事です」と会社の看板を信頼の根源にしてきたからかもしれません。

「会社名、部署名、役職名」でしか自己紹介できない人は、会社がなくなれば、ただの人。リストラされたら次はないでしょう。ベテランこそ、経験は豊富。今まで過ごした仕事人生は間違いではありません。ちゃんと深掘りし、資質の根拠となる「売れる実績」をほじくりだすことが重要です。

若手で実績不足なら、「その実績なら任せてみるか！」と思わせることです。

実績は形容詞ではダメです。数字と名詞が必要です。

× 駆け足が速い（形容詞）

○ 100mを12秒で走り、全国大会で優勝しました（数字と名詞）

伝わり方が違うことは一目瞭然です。

数字と名詞で根拠を伝えるには事前に用意し、いつでも言えるように暗記しておくことです。なぜなら、**人は考えながらしゃべると形容詞ばかりになるから**です。

では、根拠となる実績を洗い出す方法をお伝えします。

それは、ライフラインチャートに沿って振り返ることです。ライフラインチャートとは図15をご覧ください。真ん中の線は時間軸です。一番左が0歳、1歳、2歳……と現在の年齢が右端にくるようにメモリをプロットしてください。縦軸は人生の充足度になります。この年齢の時に充足したな、どん底だったなと感じるままに、フリーハンドで曲線を描いてください。

そうすると、どんな人でもラインが上がったり下がったりします。

そのラインの上がった時期や下がった時期に着目して振り返りましょう。

図15

ライフラインチャート（記入例）

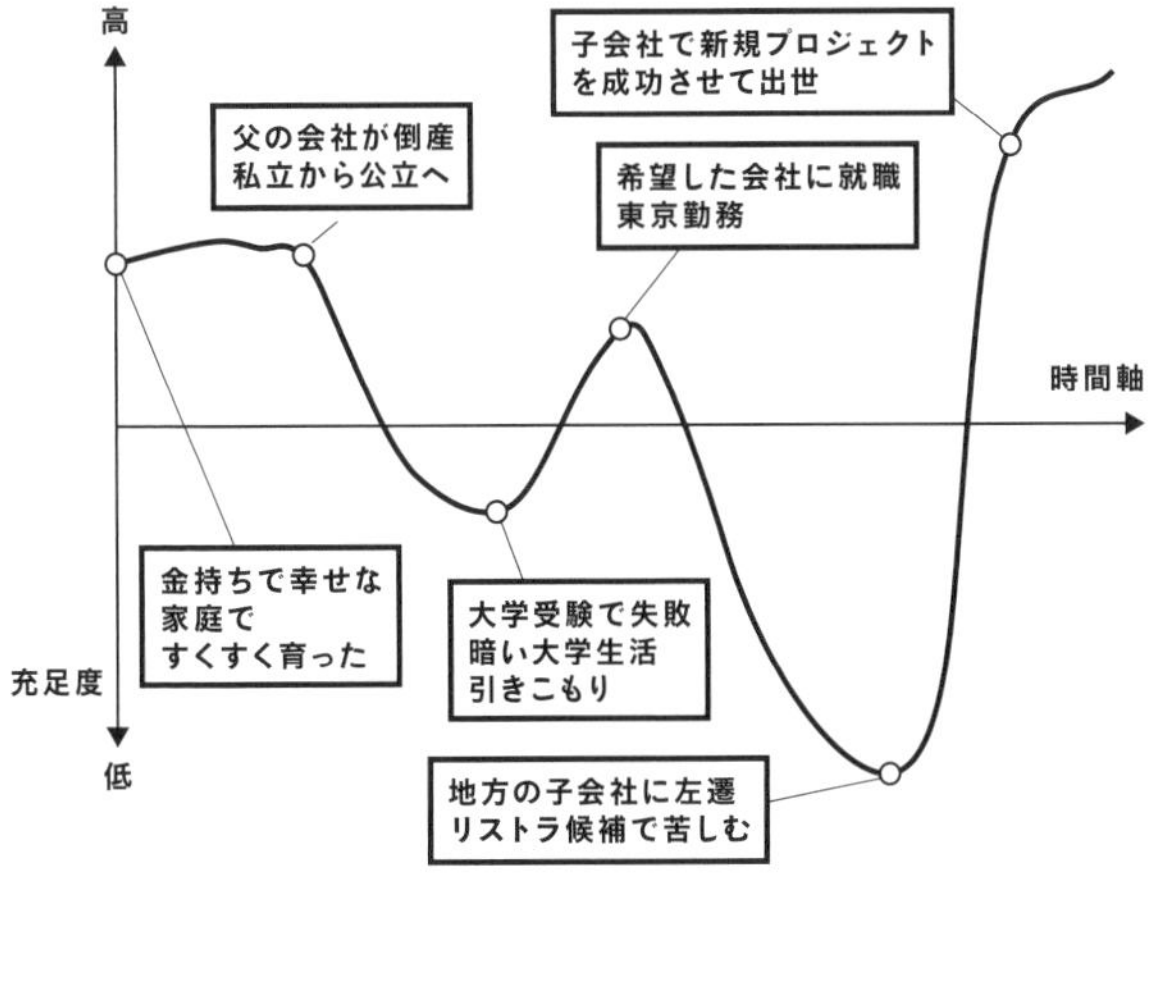

「自分はなぜ、この時期に満足感を得られたのだろうか？」

生まれて小学校まで温かい家庭で裕福で幸せだったな。中学になったら父の会社が倒産して破産して借金取りに追われる毎日。でも、野球に一生懸命取り組んで甲子園で優勝してスポーツ推薦で大学にいけたなど、満足できた理由を考えてみてください。

その上下変動の中でエポックメイキングだった出来事をひと言で書きましょう。そして、上がった時は、下がった時にそれぞれどう乗り越えてきたかに着目します。周りや時間が解決するまで動かざること山のごとしとか、**自分独自の癖というか事態別の乗り越え方のパターンがみえてきます**。そのパターンは資質と強くリンクしているのが普通です。自分が持ついくつかの資質が、いつ、どんな体験の時に覚醒したのか、そのパターンで何回乗り越えたか等の事実を数字と名詞で書き出していくと、資質を活用して価値提供する根拠としてまとまります。

ポイント　記憶の記録とともにその時の感情も一緒に振り返ると根拠の厚みが倍増する

親に植え付けられた価値観を本当の自分の資質から切り離す

仕事にフィットした資質を持っていて、実際にパフォーマンスをあげているのに、本人はしっくりきていない。自分の資質にフィットしていない仕事をついつい選び、苦労してしまう。資質をわかっていてもこのやめられない、止まらない現象で悩む人は一定数います。原因は何か。幼少期に親に植え付けられた、親の価値観が、自分の資質とあっていない時に発生します。**資質は生まれ持ったものと、20歳までの経験・環境で決まる**と解説しました。

特に子供の頃の親の教育の影響は大きいものです。自分本来の資質の上に、親の価値観が無意識のうちに、多かれすくなかれ刷り込まれています。親からみた、良かれという価値観の刷り込みが、あなたの資質とベストマッチならラッキーです。逆に**親に刷り込まれた価値観と自分の本来の資質がフィットしていないと不幸**です。結果を出し続けていても自己肯定感があがりません。これでいいのかと悩み続け、上手くいっても自分で壊してしまうこともあります。潜在意識の奥底にある価値観まで染み込むので、ある意味、自分の性格の一部として形成されてしまうため余計苦しいのです。

資質に沿った仕事をしているのに、どうもしっくりこないという時は、親の価値観の洗脳に大人になった今でも囚《とら》われていないかを確認することをお勧めします。

自分の資質を知った上で、幼少期の記憶を振り返りましょう。各資質がはじめて発揮されたと思えることを書きだすのです。子供の頃の記憶があるところから順番にひも解くのです。資質に沿った行動はスルスルでてきますし、違和感はありません。うまく行った高揚感を思い出すこともあります。逆に違和感がある。心にざわつきがあるなど、葛藤がでてくる場面がでてきたら深堀しましょう。その時の自分の本心・感情を思い出し、本当の自分はどうしたかったのか向かい合えば、本当の資質と親の価値観の洗脳が何かがわかります。

あなたはあなたの資質にあった人生を歩むことが一番です。潜在意識の根っこにぴったり貼りついた親の価値観の基点をハッキリさせ、親に植え付けられた価値観がしっくりこなければ捨ててスッキリしましょう。

ポイント　親の価値観か、自分本来の資質か一度書き出して整理しよう

4

自分軸で市場価値をつくれるようになる

これまでの章で学んできたように、伸びる市場や、自分軸に沿った業界や仕事を見極めただけでは50点です。

この段階では、まだあなたは唯一無二の存在にはなっていないのです。

ライバルも当然たくさんいますが、ライバルを蹴落とすことを考えるのは昔の人です。

これからは、「自分軸」でラクに速く結果を出して居場所を見つけ、存在価値をあげることです。

そして、錬金術師のように、自分軸で市場価値をつくれるようになりましょう。

これが一番重要です。極端なことをいいますが、異動や転職をして「やっちまったな！」と頭を抱えることが起きる可能性はゼロではありません。常に成功し続けられる人は、まずいないからです。

大事なことは「選んだ解を正解に変えていく、強い力」を持つことです。

これができないと、転々と転職を繰り返すジョブホッパーになります。自分の市場価値を失います。ゲームと違い、仕事人生はコインを入れてもコンティニューできず、そのままゲームオーバーになり、詰んでしまいます。敗者復活でチャンピオンになれるのはM－1など、お笑い番組のコンペくらいしかありません。

そう、**どんなに能力が高くても、居場所と存在価値を出せないと終わり**です。

なぜか。今はインターネット、SNSで全ての世の中が繋がっています。

過去の事を「なかったこと」に封印することはできないのです。

事実が暴かれ、それが一生付きまとうのです。

ご安心ください。失敗しても大丈夫です。

逆に言えば、「選んだ解を正解にしていく術」を知れば、どんな失敗も笑い話に、成功したことに繋げられるのです。

それが自分軸の活かし方で、これができると、自分で市場価値をつくり、上げ続けることができるようになるのです。

若い人にはもちろん有効です。

経験を重ねた人であればもっと有利です。

あなたの人生が失敗でなかったことになるからです。では、早速ページをめくっていきましょう。

「大人の自己紹介」があなたの市場価値をあげる

「得」になるか「損」を避けるか、その根拠を示す

市場価値を決める要素の一つは、需要と供給だと解説しました。

極端なことを言います。１００円のペットボトルの水を高く売るなら、砂漠のど真ん中。気温50度を超え、喉がカラカラな人の前が一番でしょう。命が危ない状況になれば、１００円ではなく１万円でも買ってくれる可能性が高まります。しかし、ここに落とし穴があります。

初対面の相手の場合、そのペットボトルの中身が何かを知りません。水だと知っても腹を壊さないか、品質面に信頼がないと買ってはくれません。そう「安心して飲める水」と

いう情報が正しく伝わらないと、買ってくれないのです。

労働市場も同じ事がおきます。**どんなに儲かる市場や会社、仕事を見つけても、その仕事を担当するのに一番ふさわしいという情報が正しく相手に伝わり、納得していただけない限り、チャンスは素通りしていく**のです。転職だけでなく、社内のプロジェクトや異動も同様です。人気がある仕事はやりたい人が集中するからです。

ここで普通の人は失敗します。「ソニーで25年の実績がある技術者」など、社名、職務経歴、役職名と熱意だけで何とかしようとするからです。1章P28で示したように、選ぶ立場からみると、この程度の違いは誤差の範囲でしかないのです。

人が一番気にかかることは自分に「得」になるか「損」になるかです。自分が得をする話、損を避けられる話であれば強く関心を持ちます。

ゆえに、1章で示したような「ありがとう」の方程式を相手にピンポイントで突き刺す必要があります。最初にこれを言いましょう。**人は自分の興味関心がある順番から話を聞きたいからです。**論理的に正しいか、間違っているかではありません。「論理的に正しい」には2つあり、1つは客観的に正しいか。もう一つは相手の主観（優先順・判断基準）に沿って正しいかです。

ビジネスの世界では、後者の相手の主観に沿って正しいかが一番です。ここでポイントがあります。

ありがとうの声＝提供価値を示すとともに、その根拠となる実績をセットで示す必要があります。

初対面の場合、相手はあなたのことを知らないし、信頼もまだないからです。

道で初めて会った人に、「中古ですが日本製のブランドの財布です。間違いないです」と言われても、財布にメイド・イン・ジャパンの刻印もなく、ブランドロゴもなければ信じられないのと一緒です。相手に正しく伝わり、正しく判断してもらうには提供価値の根拠をセットで示すことが必須なのです。

これが「大人の自己紹介」です。言わば、3章までで洗い出しした人材タイプ、ありがとうの声、資質を組み合わせ、根拠となる実績を添《そ》えたものが「大人の自己紹介」と言えます。

ポイント　相手の主観（優先順・判断基準）に沿って、相手にプラスになることから話す

「過去・現在・未来」で整理する

あなたの市場価値をあげていくには相手に「欲しい」と思ってもらえることです。

主導権が相手にあると、あなたの市場価値はあがりません。ライバルも多く替えが利くからです。予算内でおさまる安いところで決まるでしょう。また仮に選ばれたとしても美味しくないです。

「この人にお願いしたい」「ぜひ、我が社にきて欲しい」「仲良くなって欲しい」となれば、こちらが主導権を握れます。年収アップは当然のこと、特別にあなた用のポジションを作ってくれるかもしれません。これは特別な人でなければできないことではありません、誰でもできます。「大人の自己紹介」の作法を身に付ければ簡単です。

20代はもとより、60歳前後のベテランでも大丈夫です。経験を積み重ねれば、積み重ねるほど、売りになるカードが増え、組み合わせ方にもバリエーションがでるからです。

それでは、早速解説しましょう。

「大人の自己紹介」は3つの要素で構成されるシンプルなものです。過去、現在、未来で自分の価値を伝えればいいのです。根っ子となる基本系は次の通りです。（図16）

- **過去：価値を提供できる根拠となる役割や実績（実績・根拠）**
- **現在：今どんな仕事をしているか（現在の役割）**
- **未来：過去、現在を踏まえて、相手にどんな価値を提供できるか（提供価値）**

以上になります。普通の自己紹介との違いは、**相手がどんな未来や価値を与えてくれるかがわかる**。これがあるかないかですが、効果は雲泥の差です。

「ソニーで25年の技術者」のように過去と現在だけ伝えても、相手はどんな価値を与えてくれるか考えることもできません。「大手企業でベテランの技術者をされているのですね」と伝えた内容のまま、理解し、そこで思考はストップしてしまうのが常でしょう。

多くの場合、相手にたくさんの情報をインプットして判断してもらおうとします。ここで、たくさん「私はすごい！」という情報を提供すれば、どれかが相手にヒットするだろうと考えるのは間違いです。聞く方の立場にたてばわかります。**情報量が多いと相手の脳がオーバーフローする**のです。初めて聞いたことを整理することに、脳のキャパを使います。結果、相手の脳がすぐに疲れてしまいます。

図16

大人の自己紹介

大人の自己紹介とは、相手が「欲しい」と感じる、あなたの情報を取り出し、組み立て、伝えること

過去	価値を提供できる根拠となる役割や実績（実績・根拠）
現在	今どんな仕事をしているか（現在の役割）
未来	過去、現在を踏まえて、相手にどんな価値を提供できるか（提供価値）

どんな価値を提供するかで、根拠も組み替える

↓ 相手毎に、あなたが提示する提供価値を変える

相手

「ありがとうの声」を含め、
あなたの「資質」を組み合わせて、
提供価値を考えることで、
オリジナルな価値を提供できる

そして、そこで思考停止となり、あなたを正当に判断できなくなります。その他大勢の一人。または「要領を得ない人」と認識されて終わりです。

過去の実績を大量に丁寧に話すことは、薬の成分をひとつひとつ解説するようなものです。風邪薬なのか胃薬なのか。風邪薬でも熱に効くのか、咳に効くのかがわからないと、薬局で手に取ってもらえないことと一緒です。

「大人の自己紹介」は違います。

提供価値を先に示すことで、相手の興味関心を引きます。次に過去の伝え方が変わります。提供価値の根拠に沿って実績を整理するので、余計な情報がカットされ、必要な情報を順番に相手にインプットできるので、正しく相手に伝わるのです。

事前に「過去・現在・未来」で整理しておくといいでしょう。ぶっつけ本番だと根拠を示す名詞と数字が形容詞になり、曖昧になるので、正しく伝わらなくなるからです。

×　私は長年の営業経験があり、優秀です

○　私は業界No.1の売上規模の会社で、トップセールスを20年続けた営業です

提供価値やその根拠は相手によって変わります。慣れれば瞬時に組み上げられますが、事前に書き出して整理しておくことをお勧めします。

まずは、自分のメインキャラの「過去・現在・未来」を整理しましょう。

次に、相手に応じて提供できる価値とその根拠と実績を整理します。

私の例で解説しましょう。私のメインの相手は2つあり、1つが企業（コンサルティングや研修を提供）、もう1つはビジネスパーソン（仕事術や働き方、キャリアの考え方やノウハウを提供）になります。今回は後者のビジネスパーソン向けで例示します。

過去、現在、未来がセットになっていれば通じますが、初対面の場合、現在→未来→過去の順番で話す方が伝わりやすいので、その順番で示しています。

現在：コンサルタントとして独立し、人事分野のコンサルティングとリーダー選抜、研修講師、ビジネス書の執筆、講演を行っています。

未来：何歳でも自分らしく活躍できるキャリアや働き方を伝え、支援していきたいのです。

過去：なぜなら、マーサー、アクセンチュアなど600社以上の人事改革、5万人のリストラと6500名以上の次世代リーダーの選抜と育成を通したコツを知っているからです。

になります。これを基点に「アラフォー以上のビジネスパーソン」「ワーキングママ」に向けて例示します。ひとつあえて毛色を変え企業向けとして「研修会社」の例を示します。

いかがでしたでしょうか。過去（根拠・実績）は基本系をベースに必要なところだけ。相手に応じた提供価値に必要な部分だけを取り出しています。

根拠は多くても3つまでにしましょう。情報量が多くなるからです。相手との会話やり取りの中で、必要な情報があれば都度、徐々に出していけば十分です。

1点注意することは、提供価値も「あるべき」ではなく、自分の資質に沿ったもので組み立てるのを忘れないことです。詳しくは次頁以降で解説します。

ポイント　大人の自己紹介は事前に準備して暗記しておこう

図17　大人の自己紹介の整理フォーマット（記入例）

相手	未来（提供価値）	過去（根拠・実績）	現在（現在の役割）
アラフォー以上のビジネスパーソン	あなたの職業人生の価値の取り出し方を変えることで、アラフォー以上でも選ばれるキャリアの組み立て方を教えましょうか？	経産省の「人活」というプロジェクトで、アラフィフの転職成功率の平均の10倍の結果を3年連続で出したノウハウ 5万人以上をリストラ、6500名以上のリーダーを選抜した人の目利き 外資系大手コンサルティング会社で600社以上の人事分野のコンサルティングの実績。人事の裏を知りつくす（以下全てにこの項目は共通）　など	企業相手の働き方と人事のコンサルティング キャリア・働き方の講演、寄稿、執筆等
ワーキングママ	時短勤務でも、自分らしく、しなやかに、活躍できる働き方とキャリアの組み立てかたを教えましょうか？	東京ワーキングママ大学の顧問として、ワーキングママのキャリア、働き方、スキルアップを長年支援 ワーママ向けのキャリアセミナーは告知直後に満席。3年以上連続。 ワーママ向けのキャリアアドバイスが好評で口コミで広がり、ニュースサイトや人事専門誌でワーママ向けのキャリアや働き方コラム連載　など	
独立した研修会社	コンペで勝てる提案書の作り方や仕事が取れるセミナーの組み方を教えましょうか？	世界最大規模の人事向け業界団体の日本ブランチ（JSHRM）の執行役員を10年以上。人事業界のキーパーソンとほぼ繋がっている 上司や他部署からくる仕事ではなく、自らマーケティングやサービスを仕掛け、20年以上、年間売上2億円以上継続 研修会社に○社ほど顧問としてノウハウ提供。3か月以内に○千万円規模の新規売上を獲得するサービス立ち上げ、（アセット化、マーケティング、セミナー組立、提案作成等）再現性100% 提案のコンペの勝率97%　など	

オリジナルな提供価値は資質に沿って設定する

アラフィフでも自分の価値の取り出し方がわかれば「売れっ子」

では、実際にあった例でオリジナルな提供価値の洗い出しと組み立て方を解説します。

大手システム会社のSE（システム・エンジニア）で55歳のタイミングで役職定年になり、社内で行き場をなくし、閉職で残りの会社人生を過ごすか、転職するか、迫られたケースです。

実績は大型コンピューター用のレガシー言語のCOBOL（Common Business Oriented Language）のシステムの開発と運用中心のものしかありませんでした。その会社で提供していた最後のCOBOLのシステム運用が終了したので、その方の仕事がなくなりました。

正直言って、もう一度新しいコンピュータープログラミング言語を勉強しなくては仕事がない状況。本人も学習する意志があるのですが、会社はもう一度教育投資する気はない。上司の8割は後輩で、引受先の部署もない。見た目も、恰幅《かっぷく》がよく、ポテトチップスとダイエットコークを愛する、昔よくいたオタク系のビジュアルでした。実際、転職希望で書類を20社送ったところ、通過はゼロ。ここからのスタートです。

資質を洗い出しを終えてからが本編のスタート。

本人の希望としては、成長しているIT企業へ移籍したいとのことでした。実施した内容は次の通りです。

①相手が喜んでくれそうなこと、困っていそうなことを30個書き出す

最初に相手（想定するIT企業の社長）が困っていそうなこと、自分がこうやったら喜んでくれそうなことを5分間で30個書き出してもらいました。書き出した内容は精査せず、とにかく数を多く出すことを目的にします。

・技術力がある人を採用したい

・**真面目で誠実で正直**
・**相手の立場で物事を考える**

など、とにかく数多く出すことが大切です。

②該当しそうな実績を書き出す

洗い出した項目の横に、自分の経験、実績から該当するものを書き出してもらいました。1対1の対応でなくても構いません。実績が数多くあるなら3つまで書いていいルールにします。**実績が集中する箇所は、他のライバルも同じだったりして差別化ができないことが多いからです**。実際、他社の同じような立場のSEの方にも同じフォーマットに書き出してもらいましたが、上位項目はそっくりでした。そう、同じ業界で同じ仕事だと、上位項目は同じになりやすい。キーになる事は一緒だから、当たり前なのです。なので、上位5項目は世界一、日本一、業界一でなければ一旦無視します。オリジナルになるには意外性がある組み合わせの方が抜きん出るからです。

そして、一つずつ見ていくと、「25年間、常駐先のプロジェクトで性別にかかわらずメンタル不調になったり、プロジェクト中に退職されたりした方がいない」という事実が浮かびあがりました。ご本人は当たり前過ぎていて全く意識していなかったのですが、「これ、もしかして他の人にはない価値かも」と気づかれたようです。

③根拠となるようノウハウを整理

一人もメンタル不調になったり、辞めたりしなかったのはなぜか。実際、メンバーのどんな点に注意して、どう接していたかを洗い出していただきました。普通の人とその方の接し方の違いを出してもらうと、接する時のノウハウが会話レベルまで具体的に大量にできて、周りもびっくりしていました。実際、そのノウハウを社内で教えたら、それを実践した人も同様に女性メンバーのメンタル面が健康になった例も多かったそうです。

ノウハウは再現性がないと偶然と判断されてしまいます。ノウハウの概要をまとめ、キーになる部分1か所を30秒で説明できるように、まとめてもらいました。具体的には「普通の人はこうする。でもこうした方がいい。理由は……」と普通のケースと対比することで、誰でもすぐわかり、真似できるレベルです。

④キャラや資質と照らし合わせる

このノウハウはなぜ、知りえたのか。資質をもとに紐づけてみたら、いろいろみえてきました。この方は女性ばかりの家系で、女性が普段どのように考えて行動するか、どう接して欲しいかを幼少期から周りの顔色をみて判断する中で経験的に身に付けたことと、個性の把握という一人ずつの個性をつかみ、合わせて行動することが得意な資質も持ち合わせており、他人でも再現できるノウハウとしての整理につながったようでした。

実際、今でも大学生から老人まで、誰とでも壁をつくらずにフラットに自然体で話せるので、組織の中の調整役として機能していることも判明しました。アニメやゲームも大好きで、とにかく話題にことかかない。ぽっちゃり系ですが服もこぎれいでおしゃれ。そういうご本人の持ち味も強く影響していることがわかりました。

⑤過去、現在、未来でまとめる

これまでの彼の資質を踏まえ、成長著しいＩＴベンチャーの中で、実は退職者やメンタル不調者が多く困っている会社。特に女性社員の活躍の場を増やしていきたい企業をターゲットにし、過去、現在、未来で大人の自己紹介をまとめていただきました。実績やノウハハウ面は可能な限り調べ、名詞と数字で伝えられるように盛り込みました。

未来：社員のメンタル・健康が向上し、退職率も減り、社員全体を育てられます。

過去：なぜなら、25年間の○のプロジェクトで合計○○○人のメンバーと仕事をしましたが、女性メンバーを含めメンタル不調者はゼロというノウハウがあります。その内容を社内教育したところ、退職率が1／10。メンタル不調者が0％まで激減。

最後に②で上位にあった経験、実績に結びつけます。右のような資質に沿って、相手に喜んでもらえそうな提供価値と、普通の「技術者」に求められる実績をクリアしていることをセットにすると、他に代わりがいないオリジナルの技術者になるのです。

早速、職務経歴書のサマリーの内容を書きかえてもらい、書類を出したら即反応があり、2週間後には内定ができました。しかも、執行役員としての採用で年収も2割アップ。管理部門のトップとして人材の育成、ケア、強化をする役割になりました。

今回のキーは、相手の「得」になりそう、「損」を回避できそうなことを数多く出すこと。他の人では価値が出せないけれど、自分ならいけるポイントを見つけることです。今回は2つの要素を足しましたが、最大3つまでは足して大丈夫です。それ以上だと情報量が多すぎて収拾がつかなくなります。

あなたの今までの職業人生に無駄も間違いもありません。大事なのは過去の人生から「何を取り出すか」で、キャラが変身してピカピカになります。

面倒くさがらず、洗い出しと組み立て作業をやってみてください。

ポイント　カッコつけたこと、綺麗ごとではないところに、あなたの価値が眠っている

図18

オリジナルな提供価値を組み立てる時の視点

独自の価値をみつけてから、本来の価値にプラスする

	相手の得になりそう、損を回避できそう	該当しそうな実績を書き出す	根拠となるノウハウを整理	キャラ・資質
ここは当たり前 差がつかない	・技術力がちゃんとある ・真面目で正直、誠実 ・相手の立場で物事を考える			
当たり前以外で、資質と実績で 応えられるものをピックアップ	・退職者を減らしたい ・メンタル不調者がでないようにしたい ・女性が活躍する場面を増やしたい	・25年間、○のプロジェクトで合計○○○人のメンバーと仕事をしたがメンタル不調者ゼロ。 ・女性メンバーでメンタル不調者ゼロ	・ノウハウ1… ・ノウハウ2…	・個性を瞬時に把握し、合わせた対応ができる資質 ・ぽっちゃりで癒し系なので警戒されない

ここをまとめて相手に伝える

▼

結果　普通のベテランの技術者
（その他大勢と一緒。
年齢が高く若い会社に馴染めるか微妙。
報酬も値札に合わせて落ちる）

▼

社員のメンタル・健康が向上し、退職率も減り、社員全体を育てられるノウハウを持つ技術者
（代わりがいない人。執行役員か部長で、ぜひ、きて欲しい）

実績が十分でない時は、「やれそうだ！」という安心感を醸し出す

過去から一貫性のある意志や意欲を未来として伝える

新入社員や20代の若手社員、30代でも過去の知見・経験をもとに新しい分野にチャレンジしたいという人もいるでしょう。その分野がこれからなので提供価値が出せないというケースでは、大人の自己紹介のやり方をアレンジします。

未来を提供価値ではなく、過去、現在を踏まえ、どうしていきたいかの意志・意欲にするるのです。

・**過去：どんな役割と実績を出してきたか（実績・得意分野）**

・現在：今どんな仕事をしているか（現状）
・未来：過去、現在を踏まえてどんなことを具体的にしていきたいか（意志・意欲）

1つ例をあげましょう。

過去：これまで広告代理店A社で営業、B社でマーケティングをしてきました。そこで培った自分の強い分野は、女性向け商品のリサーチとプロモーションです。
現在：30代女性向けの化粧品の宣伝のプロジェクトリーダーをしています。
未来：長年の趣味であるヨガやマクロビを活かし、30代の女性が心と身体と精神を輝かせる提案をしていきたい。

いかがでしょうか？
この人ならやれそうだ、という可能性の芽は感じませんか？
ポイントは「一貫性」です。**過去→現在→未来（意志・意欲）に一貫性をもたせること**で、**相手に「やれそうだ！」という安心感を与えること**です。

仕事を依頼する時の一番の決め手は過去の実績です。仕事を任せる側は常にその分野のNo．1にお願いしたいと思うからですが、必ずしも100％実績だけで選ばれるわけではありません。「アイツならやり切ってくれるはず」とか「彼女ならいい結果を出してくれるだろう」という期待を抱かせる人に任せたいのです。実績があっても手一杯、あるいはやる気がない人には任せたくないものです。ここでチャンスが回ってくるのです。

過去実績のアピールだと、ただの自慢話に聞こえてしまいます。現在やっていることだけだと、「今以上に仕事を受けられる余力」の確認になります。

未来だけだと「やりたい」という願望を提示しているだけです。

この3点をセットにすることで「一貫性」がでてきます。一貫性はあなたの「パーソナルブランド」です。一貫性が安心感を生み、「こいつに任せよう」と判断するのです。

過去、現在、未来を普段から語ることで「あの人はこういう人」という認知を広めていくと、チャンスの順番が回ってきやすくなります。

ポイント　一貫性のある過去、現在、未来で伝えると未経験でも「やれそう感」がでる

相手の頭の中を考えるとピッタリの自己紹介ができる

就活時や20代前半のように、まだ実績も十分でない段階では、一般的で競合が多いところで張り合わず、自分の資質にあった方法で積み上げるのです。例を出しましょう。

例：化粧品会社でベトナム等のアジアに工場を持つ会社に就職したい

Aさん：将来グローバルで活躍したいです。帰国子女でTOEIC990点。ネイティブレベルで話せます。

Bさん：TOEIC680点、帰国子女ではない。英語は日常会話レベル

あなたがBさんならどうPRしますか？　TOEICのスコア等、英語スキルの土俵ならAさんに勝てません。

例：「私は特に留学していませんが、ベトナムに友達が200人います。彼女達が御社

の商品を実際に使ってみて○○○○と言っていました。SNSで知り合いましたが、みんな仲良しで私がつくったコミュニティで毎日チャットしています。今年の夏にベトナムに行ってきます」

という入口で話しだしたら相手はどう思うでしょうか？「おっ。この人は普通に海外でコミュニケーションをとって活躍できるかも」という可能性を感じさせませんか？　逆にAさんは帰国子女なら普通レベル。帰国子女が10名いればその中の一人程度でしか覚えてもらえないでしょう。一方のBさんは少なくとも相手の記憶に残ります。その違いは何でしょうか？

①普通の人ならどんなことをPRするかを考え、そのテーマは切り捨てる
②相手の立場になって、「どんな価値を出して欲しいか」を考える
③相手がその価値を頭の中でイメージできるエピソードを切り出す

になります。Bさんの頭の中を覗いてみましょう。

①英語ができる。TOEICのスコア等を普通PRしそう（外す）

②自分が逆に相手の立場なら「ベトナム人の中に溶け込める、馴染める。リードできる」「日本本社とベトナム工場のパイプ役」となる人を採用したいと考えるな

③ベトナムの女性と友達になって、その声を集め、その内容を報告したら②の2つの要件をクリアできそうな感触を持ってもらえそう

いかがでしょうか。この手法はマーケティングのペルソナを取り込んだものです。ペルソナとは商品やサービスの提供を受ける顧客像を具体化し、どうすれば喜んでくれるかを考えるものです。②の提供する価値がピンとこなかったり、一般的過ぎるものしか浮かばなかったりした時は顧客像の解像度をあげていきましょう。マーケティングでは氏名や年齢、居住地、職業、年齢、価値観やライフスタイル、身体的特徴までのかなり細かい情報まで盛り込まれます。「独身サラリーマン」という言葉の解像度をあげると、独身サラリーマン→35歳独身。大手外資系金融。六本木勤務・在住　年収1200万円。いかがでしょうか。漠然と独身サラリーマン向けのサービスを考えるより、解像度をあげていくことで、より鮮明にイメージができるようになります。これをやれば必ず②はみつかります。

③については、自分の資質にあったエピソードにしましょう。相手の方が実務ベースで本気でテーマを考えているので、嘘やハッタリは一発で見抜かれます。資質にないことも同様です。相手はエピソードの綻《ほころ》びを見逃しません、見抜きます。資質にないことは長続きしないので一貫性が保てなくなり、あなたのブランドは地に落ちるので止めましょう。

資質に沿ったことなら、無理せず、自然にスイスイできます。

ピッタリのエピソードがなければどうすればいいか。ご安心ください。今から作ればいいのです。「どうすればそれが実現するか？」を身の丈にあわせて考えればいいのです。

Bさんがこのアイディアを思いついた時、ベトナム人の友達がゼロだったとしても、Facebookを使って友達になって直接質問しようとか、ベトナム大使館に行って日本でベトナムのかたと交流できる場がないか聞こうなど、やり方のアイディアはいくらでも湧いてきます。

エピソードを伝えるコツは「私は○○○○できる」と言わないことです。自己PRという言葉がミスリードを招きます。自分をＰＲしようと考えるので「こんな実績をあげました。こんな経験もあります。これが私の強みです」といいところを数多く、とにかく伝えまくりたくなりますが、かえって逆効果なのはもうおわかりでしょう。

「俺って、背が高くて、細マッチョで、イケメンで、やさしくて……」と合コンで一方的にＰＲされたらどう感じますか？　本当にイケメンでもかなり引くのと一緒です。

「気が利く」と自分で言うより、テーブルにホコリがあればサッと拭くと、相手は「あなたは気が利く人」と認識するでしょう。**私が「できる」と言うのではなく、あなたは「できる人」だと相手に感じさせるのが伝え方のコツです。**相手の立場で考えれば楽勝です。

相手が欲しいのはこれだろうという仮説が外れても心配しないでください。相手のことを本気で考え、伝えようとした仮説は、１００％の当たりになれなくてもかすめることはできます。かすめた仮説は相手の思考や心の琴線《きんせん》に触れ、いい意味で記憶に残ります。

ポイント　「伝える」のではなく、相手に「できる人だと思わせる」視点で整理する

スラッシャーとして人生の局面で自分のカードを組み替える

あなたの仕事人生に影響を与える大きな変化はライフステージです。

自分のキャラを確立して活躍していても、結婚や子育てをはじめ、人生を充実させていくにはライフステージが大きく影響します。仕事だけでなくプライベートも含めた人生を充実させていくためにも、自分で市場価値をつくり、職業選択の自由を手に入れていきましょう。

自分の資質だけでなく、プライベートまでを含め、一芸秀でたものを組み合わせていけばいいのです。

スラッシャーという言葉をご存じでしょうか？

スラッシャーとは、複数の肩書を持つ人たちのことです。プロフィールなどで職業を記載する際に「税理士／ライター」など、複数の肩書を「／（スラッシュ）」で区切ることから、一つの分野にとどまらず幅広く活躍する人のことをスラッシャーと呼ぶようになりました。スタートは、アメリカの作家Marci Alboher氏が著書『One Person / Multiple Careers』の中で「スラッシュ・キャリア」という言葉を使ったことからです。2007年に出版された本がスタートなので、広まってきたのはここ10年あまり。働き方が変わる中で、新しいキャリアの形として注目されています。副業より「複業」に近い概念です。副業というと生活費の足りない分をアルバイトで補うなど、ネガティブな印象がありますが、スラッシャーはどれもが本業でなりたつもので高度な趣味などライフワークを活かしたものを組み合わせることが多いのも特徴です。キングコングの西野亮廣さんが「お笑い芸人」「絵本作家」「オンラインサロン運営」など、複数の本業を持っているのと同じと言えばイメージが湧きやすいでしょう。

スラッシャーは有名人でなくてもなれるので、例を挙げて解説します。

私の友人の早川哲朗さんがまさにスラッシャーです。彼は、インタラクティブプロデューサー／DJ／シャッカー（牡蠣開け）をしています。現在の一番のメインは株式会社クルーソー、プロデュース部部長兼インタラクティブプロデューサーですが、以前はDJがメインで、日本を代表するDJの1人でした。結婚し子育てをする中、DJは土日仕事が多く、奥様も土日がお仕事になるためDJ仕事を減らし、インタラクティブプロデュース業をメインにされたそうです。プラス、子守りもできるし、周囲もハッピーにできるという理由で、趣味だった牡蠣バーベキューを発展させ、牡蠣尽くし料理会を始められました。子供の保育園や小学校の友達の家族を巻き込み、家族ぐるみで楽しめると、話題となり、次から次へと依頼がくるそうです。日本オイスター協会オイスターマイスターのシャッカーとしての資格、アウトドアやパーティー好き、ＤＪ含め、周りを楽しく盛り上げる資質を活かした結果と言えるでしょう。全て収益化に成功しています。

ここで注意があります。スラッシャーは何をスラッシュで加えるかで自分のブランドになるかどうかが決まります。**やりたいこと、やっていることをなんでもスラッシュで加えるのはＮＧ**です。

加えていいのは全てが本業レベルに達し、それ一つでもブランドが成立するレベルのお仕事です。キングコングの西野亮廣さんも早川哲朗さんも、ご自身のプロフィールに書かれる肩書全てが本業として成立しているものです。どんなに凄い本業の肩書をお持ちでも、スラッシュで並べる肩書が同レベルでないと、かえって信用を失います。

自分のブランドを強くするため、できても、あえて外すことも必要です。

自分のブランドはどんなに宣言しても、相手、周り、世の中が認めてくれなければブランドとして成立しないことを思い出しましょう。「自称〇〇」という肩書が混じっていると思われたら最後です。自称レベルがあなたの実力と思われてはもったいないからです。コツを２つ紹介します。

1つは、大事なので繰り返しますが、ご自身の持ち味の領域を守ることです。キングコングの西野亮廣さんは「エンタメ」が基軸ですし、早川哲朗さんは「相手や周りを楽しませ、盛り上げた空間をつくる」ことです。基軸を外さずに、肩書を加えていく。「コンサルタント／著者」などがわかりやすいでしょう。

もう1つは、仕事や趣味で収益にならないもの、至《いた》らないものはスパイスとして加えるとオリジナルの価値に変わります。早川哲朗さんはウイスキーが好きで、250本以上、珍しい高級ウイスキーをコレクションしていますが、ウイスキーコレクター業界だと最低でも1000本以上が当たり前の世界なので太刀打ちできません。そこで、牡蠣尽くし料理会で高級ウイスキーを提供した結果、日本で唯一の牡蠣づくし料理会として口コミで話題になったのです。本業レベルに至らない趣味や仕事の技術をうまく本業に加えることで、自分のブランドが強くなるのでお勧めします。

ポイント　スラッシュで繋ぐ肩書は3つまでにしよう

5

自分軸で強くなる――転職しない時にやり続けること

仕事を「転」じる時は一瞬で勝負がつきます。格闘技の試合のようなもので、その勝敗は試合前の準備である日常の過ごし方で決まることはご存じでしょう。

日常は長期戦ですが、マラソンではありません。障害物競争です。いきなり出てくる障害物をヒラリとかわす瞬発力、長距離を走りぬく持久力は当然必要ですが、一番大事なことは違います。「どんな道を進むのか」を決めることです。

他人の用意した道を歩かなくてもいいのです。一から切り拓かなくてもいいのです。自分軸に有利なチャンスや道を引き寄せるため、大人の自己紹介を通し、チャンスを呼び込む前にやるべきことがあります。チャンスがきた時、できる素地が必要です。

そのために「ポータブルスキル」を身に付けることです。

ポータブルスキルとは、資質や特定の業種・職種・時代背景にとらわれない能力です。**どの組織でも「仕事を前に進めていく」ために必要な共通能力**で、まさにポータブル（持ち運び可能）なものです。

転職や仕事でいいチャンスが舞い込んでも、ポータブルスキルが事前に備わっていないと棒に振ることになります。スマホでゲームを進める時、技術力、体力、経験値がある一定基準を満たしていないとボスを倒せないのと一緒です。ポータブルスキルがあってこそ、あなたの資質が活きるのです。

ポータブルスキルは資質に沿った能力だけとは限りません。あなたにとって、苦手な能力や習得まで時間がかかる能力もあるでしょう。自動車免許を取得するのに、どんなにカーブが得意でも、車庫入れができなければ合格しないのと一緒です。

ポータブルスキルはチャンスのエントリー条件です。逆に言うと、**チャンスがきてからポータブルスキルを身に付けるのでは間に合いません。**チャンスの前に今から備えましょう。

本章ではポータブルスキルを紹介し、キーになる能力の身に付け方を解説します。

ポータブルスキルは仕事の実践で身に付くものが基本です。

残念ながらあなたの半径5m以内を見渡した時に、ポータブルスキルを鍛えてくれそうな方がいないこともあるでしょう。この場合は自分で鍛えるしかありません。

その方法も解説していきます。

スキルは3階建てで組み替える

「ポータブルスキル」の習得からは逃げられない

これからの時代、どのように自分軸でスキルを高めていけばいいでしょうか。商品やサービスと一緒で、テクノロジーが一瞬で積み上げた能力を陳腐化させてしまうことも多いのはご存じのとおりです。

時間をかけて積み上げた能力も残念ながら一生自分を守ってくれるとは限りません。オックスフォード大学の調査であと10年のうちに消える職業に弁護士も入っているくらいです。

でも、怯えなくても大丈夫です。何が起きても、ジャストインタイムで自分をアップグレードする能力の習得方法を解説します。

ビジネススキルは3階建てで考えます。一番下、土台になるのは「資質」で、変わりにくいこともあり、ここを自分軸のコアにおきます。

その上が仕事を前に進めていく「ポータブルスキル」です。企業の垣根を超え、仕事を前に進めていくために必要なスキルです。ポータブルスキルは資質に合う項目と合わない項目がありますが、スキルのレベルは組織階層によって共通のためで苦手なものでも無視できません。詳しくは次項以降で解説します。

最後に一番上が「専門性」です。専門性はテクノロジーの変化により突然いらなくなるものが増えました。図19の通り、専門性は時代とともに入れ替わる可能性が高いものです。**今までの企業のキャリア開発は専門性を基軸に積み上げていくことを教えていたので、ある意味、逆さまのピラミッド**と言えます。どの職種の専門性かにもよりますが、一番賞味期限が短く、入れ替わる可能性があるものと認識しておくといいでしょう。昔のレジは手打ちでレジ打ちの日本大会などスピードと技術を競っていましたが、バーコードに代わり、無人化に向かっています。専門性は、陳腐化と入れ替わりのスピードも速いのです。ゆえに専門性は資質に沿った領域にしましょう。あなたの資質に沿っていれば専門性もラクに速く身に付くからです。資質に沿った仕事をしていれば、専門性が入れ替わっても、比較的対応可能となります。

日本人は「この道一筋」というような深い専門性を好む傾向がありましたが、今は昔の話です。専門性を土俵にすると、ある日突然キャリア全部が吹き飛びます。

だいたいの方向性を決め、偶然のチャンスを活かし、正しいと思ったことをやり続ける。その方向性自体も、**状況により柔軟に修正していくには、資質を土俵に、ポータブルスキルを鍛え、資質にあった専門性を鍛え、必要に応じ取り替えていくのが、自分軸でキャリアを強くする根本思想になります。** ゆえに専門性は自分軸の資質の上にあるもので入れ替えることがあることを前提に考えましょう。自分軸上にない専門性は必要になれば、その分野に詳しい専門性をもつ方の手を借りる、教えてもらうなど割り切るのも一考です。最小限の負荷で補えるように備えておくことが賢明です。

逆に資質になくてもポータブルスキルは必須です。身に付けるのに時間がかかるものもあるのが普通なので、戦略的に確実に身に付けておきましょう。

ポイント　仮面ライダーのように敵に合う武器（専門性）を必要な時に手に入れる

図 19

スキルの3階建て構造

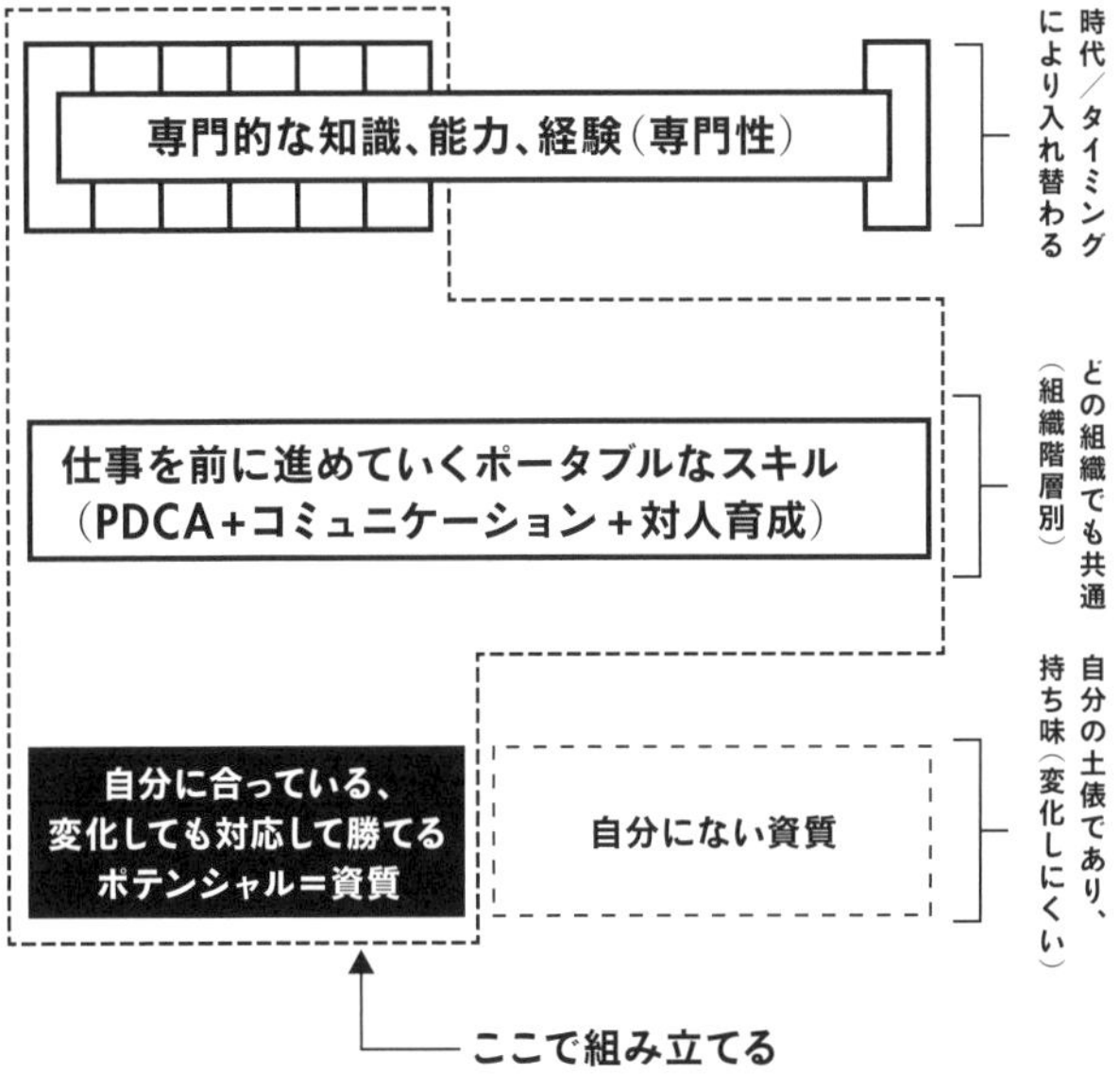

ポータブルスキルはあなたの会社の評価項目

ポータブルスキルは厚生労働省も定義を定めていますが、平たく言うと、あなたの会社の評価項目と一緒と考えていいでしょう。（図20）

なぜなら、**仕事を前に進めていく能力は、どの会社でも、どんな仕事をする時でも共通に求められるので、一緒にならないとおかしいからです**。人事の専門家の世界ではメタ・コンピテンシーなど、学者により定義や区分がありますが、大きくみれば、ほぼ一緒です。ジングハイム、スクノーバー、ホール＆ブリスコなどの調査でもそれが証明されているのでご安心ください。図21に評価項目の例を挙げます。

具体的には**「ＰＤＣＡ＋コミュニケーション＋部下（対人）育成」**の区分で考えるとわかりやすいでしょう。ひとつひとつのスキルの細かさは別として、大きく区分するとこうなります。ポータブルスキルには2つの落とし穴があります。

1つは、スキルの定義（評価項目の定義）は企業を超えて同じような文章で定義されていても、実際は、そのスキルレベルには大きく差があります。

図20

厚生労働省のポータブルスキル

ポータブルスキルの構成要素

専門知識
専門技術
＋

仕事のし方

成果をあげるために重要な行動		職務遂行上、特に重要であるもの
課題を明らかにする	現状の把握	課題設定に先立つ情報収集の方法や内容、情報分析など
	課題の設定方法	設定する課題の内容（会社全体、事業・商品、組織、仕事の進め方の課題）
計画を立てる	計画の立て方	計画の期間、関係者・調整事項の多さ、前例の有無など
実行する	実際の課題遂行	本人の役割、スケジュール管理、関係者、柔軟な対応の必要性、障害の多さ、成果へのプレッシャーなど
	状況への対応	柔軟な対応の必要性、予測のしやすさなど

人との関わり方

対人マネジメントで重要なこと	職務遂行上、特に重要であるもの
社内対応（上司・経営層）	指示に従う必要性、提案を求められる程度、社内での役割期待など
社外対応（顧客、パートナー）	顧客、取引先、対象者の数、関係の継続期間、関係構築の難易度など
部下マネジメント（評価や指導）	部下の人数、評価の厳しさ、指導・育成が必要なポイントなど

厚生労働省「“ポータブルスキル”活用研修講義者用テキスト」より引用

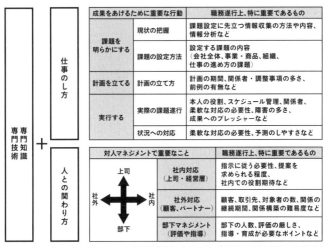

外資系企業は会社の価値観・文化の違いはありますが、ポータブルスキルは比較的、組織階層に沿っています。職務記述が明確で、中途で人の行き来があっても大丈夫なように人材育成をするからです。P&Gで3年マネジャーとして働いたマネジメント経験があればジョンソン・エンド・ジョンソン含め、どの会社でも同じようにマネジメントができると認められるイメージはつくでしょうし、実際にそうです。

しかし、**日系企業は会社によりポータブルスキルの高さや濃淡はバラバラ**です。理由があります。日系企業は、最近まで1社に定年まで勤める前提で人材育成をしてきた時代が長く、その会社だけで通じる能力レベルとバランスになっているのです。日系企業のM&Aの時、同業で同規模、ほぼ同じ評価項目なのにポータブルスキルのレベルが違い過ぎて愕然《がくぜん》としたことが9割以上でした。

本来、ポータブルスキルのキーは社外でも同じように通用することです。そこで、他流試合をお勧めします。社外の方とのプロジェクトやアライアンスをやってみる。公開講座に参加して実際にワークやディスカッションをしてみることで、レベル感の違いはわかります。武道家は立ち合いで相手の力量がわかることと一緒です。

ポータブルなレベルに到達しているか、社内レベルに留まっているかは、早く現実を知

ることが得策です。45歳を超えてマネジメント力がないことに気づいても、もう遅すぎると思うのはまさに正解です。今のまま社外で通用するなら社内のＯＪＴで鍛えていけば大丈夫です。社外では通用しない、職場の半径５ｍ以内にいる上司、先輩でも通用しないとなると社内には期待できません。違う手が必要です。

２つ目は、ポータブルスキルには比較的簡単に身に付くもの、可変的だが変わりにくいものがあります。

キーになるのは可変的だが変わりにくいものです。身に付けるには時間もストレスもかかるからです。「役職が人を育てる」は死語です。役職を与え、その人が育つまで何年間も待つ余裕が今はありません。安定期や衰退・再展開期となれば、役職にすらつけません。

外資系では日本法人の社長クラスであれば30代後半から任命されます。なぜ、外資系だと出世が速いかというと、習得に時間がかかるポータブルスキルは人材育成に織り込み済みで若い段階から鍛えるので無駄がないからです。

日系企業のように、担当者として一人前の作業ができるようになった後は、職場と自己啓発任せにしてしまうと、次のステップに必要な能力要件と習得方法は知りえなくなるのです。

現場は今起きている課題への対応に追われるのが常です。現在の仕事のオペレーションに関するスキルは高くなっても、次のステップに必要な能力の準備（レディネス）はないままです。

昇進してから考えることになるので、さらにそこから習得期間が必要となり成長が遅くなるのです。

どんなに仕事が楽しく、充実していても、スキルアップを会社任せだけにするのは危険です。普通に仕事をしているだけでは自分のポータブルスキルのレベルを掴むことはできません。

早い段階で他流試合を通して自分のポータブルスキルの現実を知り、受け止めることからはじめましょう。

ポイント　早い段階で身に付けるポータブルスキルを特定し、習得方法を特定する

図21　評価項目例（担当者として一人前クラス）

区分	評価項目	定義	着眼点
知識・技術・技能	業務関連知識技術・技能の習得	担当業務に関する基本知識全般および専門知識を理解・習得する	専門知識 業務知識
Plan 仮説	問題発掘	現状に満足することなく、先々までを見据えながら主体的に問題を発掘する	主体性 先見性
	課題設定	様々な事象や情報を論理的に整理・分析して考え。問題の本質を見極める	多面的な分析 体系的な整理 全体像の把握
	独自性	問題の着眼点に独自性がある	独自性
	企画力	担当業務や課題の目的を把握した上で、目的に合致した問題解決の方法や新しい企画を自ら立案する	仮説立案 代替案の準備 合意形成
	計画性（段取り）	全体方針や目的を理解した上で効果的かつ効率的な視点で現時的な計画を立案する	取り組み事項の洗い出し 選択と集中 実行保証
Do 実行	役割遂行	自身に与えられた仕事・役割を責任を持って着実に遂行する	日々の問題解決 迅速性 臨機応変な対応 進捗管理
	達成志向・挑戦意欲	ひとつ上の結果を出すことにこだわり、最後までやり遂げる	粘り強さ 挑戦意欲
Check・Action 検証	成果検証	生み出した結果について必ず検証し、次の改善につなげる	仮説検証修正 知識の共有
コミュニケーション	対人関係構築	円滑なコミュニケーションを通して、日頃から良好な人間関係を維持・構築する	対人協調 組織力活用 適切なネゴシエーション
対人育成	対人育成	相手の状況、性格、能力に応じた指示、育成をする	個性の把握 適切な指導

ポータブルスキルを身に付ける賞味期限がある

ポータブルスキルは可変的だが変わりにくいスキルがあることは解説しました。スキル習得に時間がかかるのであれば、逆算して習得する期間を計算して備えておきましょう。

「人生100年時代」とは言え、**一定年齢内にポータブルスキルを身に付け、チャンスに備えるのが現実的です。**80歳でハーバードのMBAを取り、激務の外資系企業のトップを目指すより、40歳でその候補として必要なスキルや実績がある方が、選択肢が豊かになることは一目瞭然です。

図22をご覧ください。縦軸はざっくりですが成長ステージです。企業により多少の前後はありますが、企業が人材を裏で選抜する時のタイミングとも言えます。横軸はポータブルスキルを教えてくれる、鍛えてくれる人になります。本来であれば、成長ステージ毎に必要なポータブルスキルとそのレベル、身に付け方を解説したいのですが、それだけでも1冊の本になる分量が必要となるので、他の本では書いていないポイントのみに絞ります。

この本の中で紹介するのは、社内外を踏まえた成長ステージのステップと、各ステップで身に付けておかないと後々に響くスキル。言わば、次の成長ステージに進むまでに準備

図22

成長ステージとポータブルスキルの壁

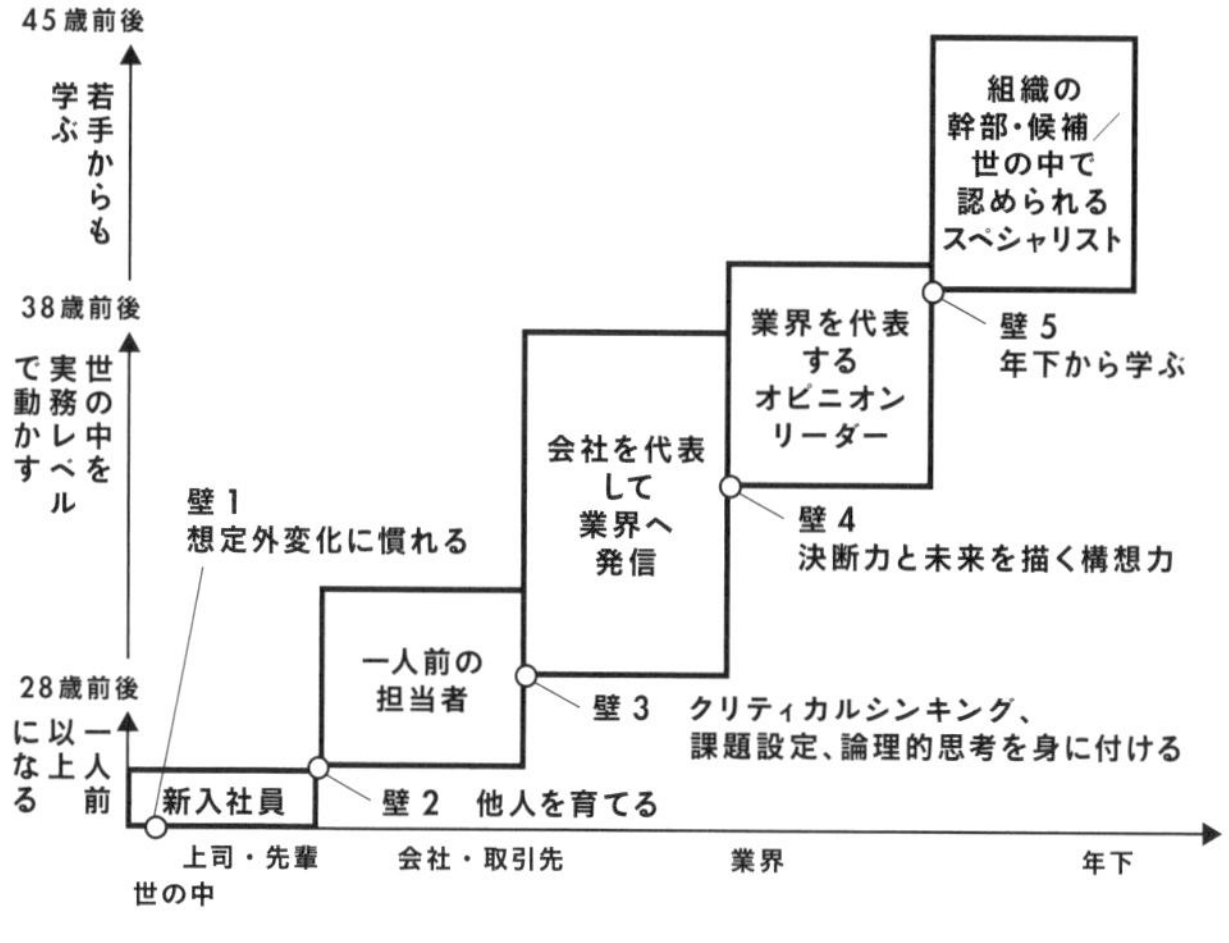

（レディネス）が必要な項目となります。

①新入社員時代に身に付けるポータブルスキル

今は、新入社員が入社日に転職サイトに登録するのが当たり前です。すぐ辞めるのではなく、情報収集の意味合いがメインだそうですが、情報収集の前に身に付ける社会人として一番大事なスキルがあります。それは**「想定外の変化に慣れること」**です。

仕事柄、大学教員や新入社員の話を聞く機会が多いのですが、今の新入社員は素直、まじめ、一生懸命な方が多い一方で、ちょっとしたことに打たれ弱い。SNSの普及もあり、価値観が近い仲間内での経験しかないケースが多い。結果、内輪からでて会社で働くこと自体が想定外変化、と感じてしまう人も多いようです。これではもっと大きな変化が起きることが前提の今の時代には対応できません。仕事を覚える前にメンタルまでやられてしまいます。

仕事は全てが予定通りにはいかないものです。イレギュラーやトラブルが発生したら、出来る人に相談する。チームの一員として一緒に仕事をする。**自ら動いて助けてもらう能力**という極めて小さなダイバーシティの第一歩を踏み出すことが重要です。

無理や無駄を嫌い、効率的に自分で描いたキャリア通りに進むことしか考えないと想定外変化に弱くなります。希望通りにいかないとすぐに挫折し、周りのせいにして転職し、結果、同じことを繰り返します。私が関わった6500名の選ばれたリーダー達も新人の時に希望した配属ではなかったケースが圧倒的多数です。大学や大学院の時は一番上でも、新入社員の時はビジネスパーソンとしては一番下からのスタートです。内輪以外の組織で馴染み、影響力を発揮するには段階があります。

- **How to live：その組織のルール、規範に自分がどう馴染むか**
- **How to learn：その組織に馴染んだうえで、どう学ぶか**
- **How to work：その組織でどう働き、機能するか**
- **How to influences：その組織で、どう影響力を発揮するか**

この4つの順番です。How to liveができていないのに、いきなりHow to Influencesで影響を与えようとしても無理なのです。これは新入社員だけではありません。中途入社した場合も一緒です。

「前の会社では○○○○していた」など、前の会社のルールに合わせようとしたり、影響力を与えようとしても見向きはされません。これは、大企業から中堅企業に転職した時によくみられる現象です。大企業のやり方を教える前に、その組織に馴染み、居場所をつくることが何よりも先決です。

②「一人前の担当者」時代に身に付けるポータブルスキル

仕事を覚え、経験を数年積み、担当者として一人前になった時、次の壁がやってきます。対人育成です。部下とまではいかなくとも、新入社員、後輩の指導係やアルバイトなどに作業指示を出す局面です。対人育成ができるか、できないかが、次のステップに進む大きな壁になります。

コンサルティングでの実感値ですが、日本企業では8割以上の人が、この段階で対人育成ができず、いざ、リーダーやマネジャーになった時にもやっぱりマネジメントや部下育成ができず苦しみまくっています。

対人育成ができるようになれば、自分の仕事もラクに速く進みますし、実際に部下ができた時も苦労しません。しかし、部下ができてから部下育成の方法を学ぼうとするのでは遅く、苦労するのです。部下の鼓舞《こぶ》などは変化しにくい資質です。早い段階からスキルアップを試みましょう。

なぜ、日本企業では対人育成が苦手なのでしょうか？

日本企業では担当者として一人前になったら基本的に自己啓発が中心になります。やっと自分が一人前になったばかりなので、自分のやり方でしか仕事を指示することができません。指示することすら慣れていないのが現実です。なので、相手が自分の思った通りに仕事ができないと、同じ指示を繰り返すか、怒るだけなのです。**キャラにより使える技や武器が違うことを教わっていないので、教えたくても教えられない**のです。

その点では外資系企業は合理的です。一番合理的な仕事のプロセスが決まっているので、その通りに教えればいいのと、背景が違う方々がチームとして働くことが前提なので、キャラが違えば武器も技も違うことは前提として知っています。日系のように担当者独自の進め方や指導の仕方になるのとは大違いです。

ここは簡単です。まずは相手と自分でキャラが違うことを認識するのです。**自分の優先度や判断基準ではなく、相手のそれに合わせて伝え、指導するようにすれば、対人育成力は身に付きます。**部下ができる前に、この壁はクリアしておきましょう。

③「会社を代表して業界へ発信」する時代になったら身に付けるポータブルスキル

社内でのプロジェクトをリードしたり、その結果を業界団体でプレゼンしたりするステージです。この28歳から38歳前後の層が、実際に世の中を実務で動かしている世代です。会社によってはチームを率いていることもあるでしょうし、大企業であれば実務を動かすキーマンとして組織を横断し、活躍している層です。

このステージになると、ある程度プロセスが決まっている仕事から、ゼロベースで課題を設定し、論理的に問題解決する能力が求められてきます。これを論理的思考とクリティカルシンキング（批判的思考）と言います。批判的思考とも言われていますが、あら探しをしたり、ダメ出しをしたりすることではありません。思い込みを外し、過去の前例にとらわれずゼロベースで物事を見る。論理の前提を疑う。思考の偏りや漏《も》れに気づく。そして、本質的な課題をおさえることです。

今はビジネス環境が目まぐるしく変化している時代です。「今までうまくいっていたのだから、これからもこの方法でうまくいくはずだ」といった考えは通用しなくなりました。個々の知見だけに頼れません。日本企業は空気を読むこと、阿吽《あうん》の呼吸を読んできた文化があります。なので、成功体験は疑うことは難しく、仮に時代とずれたと思っても社内の空気を読んで発言できないということがおきます。ゆえに、クリティカルシンキングを学ぶ土壌が弱いのが実態です。

しかし、過去の延長線でしか考えられないと、あとが悲惨です。実際、40歳を過ぎて、会社で選ばれたエリートがクリティカルシンキングより簡単な論理的思考すらできず、脳から汗を吹きだしまくるようにして、それでもできないケースを山のようにみてきました。社内では優秀な成績をおさめても実態が前例通りで大丈夫、思いつきでも周りが察して動いてくれるので身に付かないのです。

論理的思考やクリティカルシンキングは後天的に時間をかければできるようになりますが、資質が向いていないと苦労するスキルでもあります。なるべく早い段階から身に付けておくことを勧めます。クリティカルシンキングや論理的思考を知識として暗記しても1ミリも役に立ちません。繰り返し、繰り返し実践し鍛えるしかないのです。

④「業界を代表するオピニオンリーダー」になったら身に付けるポータブルスキル

このステージまでくると、業界の枠を超えて活躍するようになってきます。このステージで決断力と未来を描くことを鍛えましょう。

決断力は日々の積み重ねで鍛えられるのですが、今日のランチはカレーか牛丼か、といった狭い範囲しかないと、その幅でしか考えられなくなります。日々の仕事が忙しく充実する局面だからこそ、注意しないと現場の目の前で起こる課題への対処が中心になりがちになるからです。

- **課長まで：今起きている問題を解決する**
- **部長クラス：今を未来につなぐ**
- **経営者　：未来を描く**

これが問題解決の視点になります。日々に追われると、経営者や部長クラスの構想力や決断力は身に付きません。大企業で課長未満であっても、任されるプロジェクト規模などは中小企業の予算枠を超える、中小企業なら会社の屋台骨になるレベルの仕事を担うステージです。**決断力や未来を描く構想力は意識しないと身に付かないスキルです。**

その立場になったら準備ができていないと太刀打ちできません。立場があがる前に未来へつなぐ視点で考え、経営者や部長に提言し、フィードバックを貰うことで鍛えておきましょう。

⑤「組織の幹部・候補／世の中で認められるスペシャリスト」になったら身に付けるポータブルスキル

このステージまでくると**一番大事なことはアンラーニングです。**突然何が起こるかわからない世の中なので、過去の成功が一番の壁になります。世の中の現場を動かしている**若い層から素直に学べるかが一番のキーになります。**

理由は2つ。世代間の意識が違い過ぎるからです。一般的に1981～1996年の間に生まれた人を「ミレニアル世代」と呼び、世界の労働人口は2025年に75％がミレニアル世代になると言われています。その価値観や行動スタイルは親世代と違っているので、今世の中を動かしている中心の彼・彼女から教わらないと、過去の経験からだけでは正しく判断ができなくなるからです。

もう1つは、**失敗を利用できないと能力の向上に差がつくからです。**

2010年、ミシガン州立大学の心理学者、ジェイソン・モーザーの実験によると、失敗から学べない人は、失敗を受け止めず、失敗の理由を自分の知性や能力のなさにするそうです。ところが、学習能力の高い人は、失敗を自分の力を伸ばす上で欠かせないものとして自然に受け止めることができるという結果がでたのですが、一つ盲点があるそうです。「できること」「うまくやれること」だけをやっていると、この勘がだんだんと鈍ってくるとのことです。

38歳を過ぎ、40代半ばになってくると、若い頃のように周りから失敗を指摘されることもなく、違うという意見すら言われなくなってきます。

自ら、若い人と付き合い、教えてもらうことで自分をアップデートし続ける必要がでてくるのです。

実際、経営幹部、新入社員は物事を柔軟に発想しますが、中間管理職層の頭が一番固いのは一般的な現象です。

中間管理職層になればこそ、自ら若い人から素直に真摯《しんし》に学んでいる人だけが将来の経営幹部となるのです。

一度、頭が固くなった老化現象は中々元には戻せません。

本人は頭が固くなったと自覚しないからです。趣味でも結構です。

成功し続ける人は何歳になっても新しい趣味にチャレンジし、付き合う層が老化しないようにしています。

ポイント　苦手なポータブルスキルこそ先に着手することで賞味期限を延ばす

ポータブルスキルの身に付けかたを知る

慣らし運転をする環境を整える

資質とマッチしていないポータブルスキルで比較的簡単に身に付けるスキルは「慣らしていく」ことです。

顧客志向の資質が低い人が営業職に配属されたとします。最初はお客様に喜んでもらうよりも、自分の提案を練り込むことを重視するなど、顧客志向が低いスタイルをとるでしょう。ところが、優秀な先輩の営業への同行を繰り返すことで、自分の考えた提案を突き通すには、お客様の声を聞かないと、話すら聞いてもらえないことに気づくでしょう。

お客様の顔色がパッと明るくなり、喜び、感謝の声をいただける場に同席することで、次は自分の提案で喜んでもらいたいと思うかもしれません。

上司、先輩の指導や研修を通して営業に関するインプットを得ることで、顧客のニーズを聞くべきか、仮説を考えて提案すべきか、状況の判断ができるようになり、顧客の潜在ニーズにまで訴えかける大胆な提案ができるようになるでしょう。

資質とマッチしないスキルは苦手意識が働きます。

我慢して行っても、いい結果には繋がりにくいし、ストレスも溜まり、悪循環にしかなりません。**慣らし運転を繰り返し行い、成功する場面を数多く知ることで、コツを掴んでいくようにすればいい**のです。

キーは自分のキャラにあったアプローチかどうかです。

顧客志向が低い場合、顧客志向が低く、クリアした経験のある上司や先輩に教えてもらうのがポイントです。顧客志向の低い人の気持ちがわかるので、どんな場面やステップを見せ、教えればいいかが心に響きます。

教えてもらう人は数年前に同じ壁を乗り越えた人が適任です。

時間が離れていると、どうしても心の距離が生まれやすくなります。乗り越えた当時の話を聞いても、昔話か自慢話っぽく聞こえてしまうものです。5年位前に乗り越えた先輩くらいの距離感が一番相談しやすいのでお勧めします。

ポータブルスキルはひとつひとつを順番に身に付けるものではありません。慣らし運転する時は、苦手なスキルだけにフォーカスするのではなく、関連するスキルで得意なものから活用する順番でアプローチする方が理解と習熟スピードがアップします。

さきほどの顧客志向であれば、情報探求や対人理解と関係が強いです。情報探求の資質が高いなら、どんな視点で調べると顧客ニーズがわかるか、対人理解の資質が高いならどう接すれば顧客が喜ぶかから考えることが早道です。

ポイント　急がば回れ。いきなり苦手に触れず、関連した得意なスキルを活用させる

社内で教えてくれる人がいない時は社外ＯＪＴを受ける

上司、先輩など全員のポータブルスキルが低かったり、組織が大きくならず、上のポジションが埋まっていて、35歳を過ぎても作業員状態が続くようなら、社外で通用するポータブルスキルを社内で得ることは諦めましょう。

しかし、今の時代はラッキーです。社外の識者から直接学べる機会が一気に増えました。社内の上司や先輩より優秀で仕事ができる異業種の方から、直接ＯＪＴをして鍛えてもらいましょう。私はこの取り組みを「社外ＯＪＴ」と名づけています。

社外ＯＪＴは自分の本当の実力がみえてきます。選ばれたリーダー達は昔から20代の後半以降、社内だけでなく社外の同クラス以上の方々と交流を持ち、意見を交わし、時に仕事を通して実力を鍛えていました。

講演や勉強会だと座学にしかなりません。本物に直接触れて教えてもらえますが、情報のインプットまでしかできず、血肉にはなりません。スクール形式を探しましょう。

ネットで検索すればたくさんでてきます。選ぶポイントは下記の3つです。

・期間が3ケ月から半年（「スクール」で検索して期間を確認）
・リアルプロジェクトワークがあり、最後にプレゼン合戦をする（「プレゼン」で検索）
・講師が元大企業の実務家で著書がある。普段はＭＢＡでも教えている（「講師名をフルネーム・もしくは業界団体名で検索」

注意点は参加者のレベルです。外資系や日系の大企業、有名ベンチャーなど、あなたが一緒に鍛え合いたいと思える参加者が多く参加しているかチェックするといいでしょう。

とくにメンターになって欲しい人材が初めて私塾を開くタイミングに出会えたらラッキーです。1期生が一番、主催する講師と仲良くなれるからです。既に何期か実施しているところは卒業生やお弟子さんに注目しましょう。卒業生やお弟子さんで活躍されている人のトップ5を教えてもらうのです。その5名がどの程度、活躍できているかで参加者の質と講座の中身のクオリティがわかります。最低限、**今の時代に現在進行形で活躍している人を輩出し続けている講座を選びましょう**。下手をすると講座運営の養分にされかねません。

私塾以外もあります。会社の壁を超えた経験ができるプラットフォームも増えています。株式会社ローンディールは「企業間レンタル移籍プラットフォーム」。大企業に在籍しながら、ベンチャー企業のプロジェクトに出向して新規ビジネスや事業立ち上げを経験させてもらうことができます。

NPO法人クロスフィールズは「留職」。開発途上国の現地のNPOに世界中から複数社派遣され、それぞれの会社の技術やノウハウをもとにその派遣先で任された現地の課題を解決するなど、今の会社にいながら、社外の方々とプロジェクトの経験を通し鍛え合える環境は増えてきています。

MBAは国外のランキング上位校に絞ることをお勧めします。グローバルでは世界ランキングに加盟していないMBAは認められないことが多いからです。「MBAだけど偏差値40クラス」であれば転職には全く有利に働きません。自己啓発でMBAならお好きにどうぞですが、同じお金を払うなら履歴書に堂々と掲載できるほうが望ましいです。

オンラインサロンも最近はいろんな意味で盛り上がりを見せています。

しかし、オンラインサロンは1つだけでは危険です。物事を主催者の視点からみた意見、コメント、情報を大量に浴びるので、物事の見方が偏ってしまうリスクがあるからです。

このような社外の識者や一緒に学ぶ同志ができると2つ大きなメリットがあります。

1つは業界を超えた生の情報がどんどん入ってくるようになります。

今は知識より生の現場情報の時代です。Googleで検索できる内容は誰でも簡単に入手できるので価値を出すのは難しいです。ましてや、世の中は本当の情報だけでなく、嘘やデマ、意図があり加工された情報も数多くあり、選別も大変です。価値があるのは一番正解に近い現場情報です。その情報を取るには社内にいただけでは限界があります。社外で優秀な方々と繫がることで自然と入ってくるようになるのです。

もう一つは、働き方やキャリアの選択肢が増えることです。ニュースではでてこない、実際の労働状況がわかります。優秀な人材と一緒に仕事をすることで、正しい実力差を知ることになるので、どんな能力や経験を身に付ければいいか正しく等身大で知ることができます。「社内No.1プレゼンターです」と言いながら、社外のプレゼン大会でビリになる残念な人は結構いるものです。そうなったらもう手遅れでゲームオーバーです。

20代の前半はまずビジネスパーソンとして一人前になるフェーズで、これは今でも世界中変わりません。

20代後半から30代の過ごし方で職業人生が大きく変わるので、**自身の賞味期限が切れる前に、社外OJTで鍛えてもらいましょう。**

ポイント　社外の学校や私塾の見極めは活躍している5人の卒業生で判断する

モノマネをすることで他人の思考回路を手に入れる

上司や先輩が身に付けていないスキルであれば教わることもできません。上司や先輩が指導できないスキルをどうやって身に付ければいいのでしょうか？

一番の早道は「モノマネ」です。「こんなスキルを身に付けたい」と思える人になり切って考えることで、簡単にその思考回路の「型」が身に付くのです。

同じ会社や身近な人でなくてもかまいません。なり切って考えることで、その人の思考回路をあなたの頭にコピペするのです。

ＴＴＰ（徹底的にパクる）と言われますが、何をパクればいいかというと思考回路の型です。**著作権があるものをパクると犯罪になりますが、思考回路の型であれば問題ありません**。最終的にあなたのキャラや視点を通すので、全く同じにはならないからです。リクルートで働く人は「リクルートっぽいな」という発想や行動をしたりしますが、ロボットのように全く同じ思考回路で同じ結論にはなることはないのと一緒です。

苦労や努力だけではスキルは中々アップしません。**結果は行動ではなく正しい「思考回路」を手に入れない限りでないから**です。行動するより先に思考回路を入れ替えれば、簡単にスキルアップできるのです。
モノマネして思考回路を借りる相手の選定の基準は3つあります。

・実際にその方が、どんな時、どんな視点で、どう意思決定したのかわかる資料や書籍がたくさんあり、その思考に共感することが可能であること

・「この人の脳みそを借りたいな」と思える人であること

・毒舌、炎上キャラではない人

になります。選定する人は、一人でも結構ですし、複数名でもかまいません。脳みそを借りたい人が選定できたら借りたい場面を書き出します。複数名の脳を借りるなら場面ごとに借りたい人を設定し、この人ならどう考え、行動するか基準を書いておくといいでしょう。

また、場面ではなくスキル別に選定してもかまいません。

・ビジョン形成：孫正義氏

・**堅実性：三木谷浩史氏**
・**構想力：ホリエモン（堀江貴文氏）**
・**洞察力：落合陽一氏**

など、最初は、話し方の癖や決めゼリフは暗記するといいでしょう。大量に覚える必要はありません。２日程度で頭に入ったものだけで結構です。日々そのセリフを口にすると自然と自分の口癖になり、思考の癖になります。

理想の自分に近づくために、恥ずかしがらず、モノマネをしましょう。

ポイント　行動するよりモノマネしよう

目標設定は「タニモク」で行う

苦手意識が強すぎるスキルは、恐らく何度か挫折したトラウマがあるでしょう。

毎年ダイエットを目標設定するのと一緒です。挫折を繰り返す目標はまた挫折を呼びます。

こういう時は、目先を変えるのが一番です。**目標や行動計画をあなたの代わりに他人に立ててもらうことが実は有効です。**人はそもそも他人だけではなく自分にも「こういうキャラだ」とレッテルを貼っていますが、その認識が正しいとは限らないからです。他人にどうみられたいかという自我が正しい自己認識を歪《ゆが》めます。

キャラを活かせば三枚目のボケ役なのに、二枚目のイケメン俳優と思われたい。ゆえに、二枚目のイケメン俳優になるための目標や行動計画をたてるが、キャラに合わないので結局挫折。それを繰り返す。という悪循環に嵌まり抜け出せないケースも多々みてきました。

悪循環まではいかなくても、業界・職種の習慣に染まってしまい、同じところをぐるぐる回り、新しい発想がでてこないという事態はよく発生します。

営業だと「売上が全てを救う」、技術者だと「技術が一番」、銀行なら「担保が一番」など、仕事で重要視している指標や枠組みが頭の中にへばりついてしまうからです。

上司、先輩、同業の仲間に聞いてもセオリーに違いはないので誤差範囲の違いしか見いだせないものです。

そこで紹介するのが「他人に目標を立ててもらう」通称「タニモク」です。

人生100年時代を自分らしく生きるため、自分以外の視点を取り入れて選択肢を増やし、新しい目標設定を行うという、〝ライフキュレーション〟ワークショップとしてパーソルキャリア株式会社が定期的に開催している大人気の取組みです。実は以前、筆者も同じ取組みを展開した経験があり、誰でも再現性があり、効果がでる方法なので紹介します。

特徴①：普段接点がなく、利害関係のない他人同士で、お互いの目標を立てあう

自分を取り巻く環境や現状を説明し、それを聞いた他人から〝自分だったらこうする〟という意見をもらうことで、固定概念にとらわれない「目標設定」を行います。

特徴②：説明は基本的に「絵」。文字は極力使わず、対話を促す

あえて絵で表現することで、一方的な説明を避け、質疑応答中心の対話形式でワークを進めます。「絵」によって参加者の想像も膨らみ、思わぬアイディアにつながります。

それでは、具体的に「タニモク」への取り組み方をみてみましょう。

利害関係のない人（＝他人）で4人1組のチームとなり、1人（当事者）が自分の現状を他の3人に説明します。他の3人は自分がその人だったら何をするかを考えて目標を提案する、という30分のセッションをチーム人数分行っていくものです。非常にシンプルで簡単で誰でもできます。大体3時間程度のワークショップになります。

タニモクには他のワークショップにない、3つのメリットがあります。

- **自分の発想にない選択肢を得られる**
- **自分の考えに強烈な後押しをもらえる**
- **他人の計画を立てる面白さ**

実際に「タニモク」で人生が変わった方の例を紹介しましょう。

株式会社ヒキダシCHO（チーフヒキダシオフィサー）の木下紫乃さんは、大手企業の女性活躍サポート、シニア活躍などの施策に携わる他、昭和女子大学にてダイバーシティ推進機構の事務局長も務めています。

それらの活動のかたわら、「タニモク」をきっかけに、様々な人がつながるコミュニティづくりのための「スナックひきだし」を開業。

「生後3ケ月〜80歳が来店した」というこの場では、世代や立場を越えた出会いが1年で400人以上をつなげてきています。夜だけでなく平日の昼にも紫乃ママとして活躍されています。

紫乃ママ曰く、自分で勝手に「こんなことするのは無理だよな」と思っていたことを、他の人から私の目標として見せてもらえ、「やってみたらいいじゃない！」と気軽に背中を押してもらえたことが本当に新鮮だったそうです。

「あれ、なんでやれないと思ってたんだろう？　やってみたらいいのか！」と気持ちが切り替わったとのことで、現在はやる前からやれないと決めないこと、人からの意見には案外真実があるので、耳を傾けることとアドバイスされています。

会社の中で目標を決めようとすると、今の仕事の延長線に偏りがちです。

「こんな副業してみたら」など社外を含めたキャリアや働き方のオプション等がでてくることはあまりありません。

本人が納得してワクワクできるような目標設定をしにくい一面は取り除くことはできません。

その点「タニモク」では、利害関係のない人たちが異なる視点で目標を提示してくれたものの中で、自分の感情が動いたものを採用して目標設定するため、行動が伴いやすく効果が大きいものになると「タニモク」の開発者の三石原士さんはいいます。

「タニモク」は、参加する人材の業種やスペックにより、出てくる目標も変わりますが、新しい視点で想定外の目標案をいただけるので、ブレイクスルーする目標を手に入れられる可能性が高まります。

たとえば、トヨタの人、三菱商事の人、リクルートの人がメンバーであれば、全員違う視点から、あなたの目標案を提示してくれるでしょう。

参加される人は初対面で構いません。

自分のキャラや資質は無意識のうちに発揮されているからです。逆に変な前提がない分、素に近い、あなたの良さを見いだしてくれる。迷っていることの後押しをしてくれることに繋がります。
ノウハウは公式サイト上に無料で公開されているのでご安心ください。社外の友人・知人やSNSなどで呼びかけてみて、一度やってみることをお勧めします。

ポイント　自分より他人に目標を立てて貰った方が能力やキャリア面はうまくいく

永久保存版
自分軸で活躍する
判断基準を身に付ける

実は皆さんにご報告しなくてはいけないことがあります。

企業は採用したら、こちらからリストラしない限り、社員が自ら辞めることを嫌がります。「ライバル企業に行かれるくらいなら飼い殺しにしよう」が経営と人事の本音ですが、表立って言うことは決してありません。

以前は「気づいたら40歳を過ぎて転職できない身体になっていた」作戦をとっていました。囲い込み作戦です。あなたも、うすうす感づいていたでしょう。悪気はなく「お前のためだ！」とお世話になった上司や先輩から言われ、言い返せない等、仲間意識とマネジメントで社員をしばりつけてきたのです。

最近はさらに手が巧妙《こうみょう》です。インターネットの普及で嘘を隠せなくなったことも大きいですが、優秀な人材を引き寄せ、引き止めるマネジメントを行うようになりました。

「結婚する条件を出し、結婚生活をしている時は幸せに暮らそう」作戦です。

ある意味、非常に全うで経営にとっても、社員にとってもWin-Winと言えます。

しかし、あなたが自分軸で活躍しようとなると、その手口を知っておいた方がいいでしょう。ご存じの通り、今は空前の人手不足。辞められたら困るのが企業の本音です。

離婚もタイミングを間違うとお互い不幸になることは昼ドラの世界と一緒です。

これからは働き方も自由度が増していきますし、仕事を通して触れ合った方々との繋がりはずっと続く時代です。辞めた会社に戻れるし、活躍もできる。前職の上司や同僚とコラボして仕事をするなどが当たり前になります。若い人は既にその状況を摑んでいるし、年長者でも、その片鱗は感じ始めているでしょう。

ここに罠があります。大事なので繰り返しますが、「転」じる時の判断に使える時間は一瞬です。恋愛のように一時の感情に任せるだけで博打と一緒です。さらに危険なことがあります。一見すると**「評価された、認められた」ようにポジティブに感じさせることで「転じる機会を封じる」**ことがマネジメントの中では起きているのです。

この章は永久保存版です。ポジティブ、ネガティブの両面から、転じた方がいいか、逆に転じない方がいいかについて人事のプロとして本音を解説します。

1回読むだけでは忘れてしまいます。

組織の中で「転」じる判断が必要になった時、必ずペラペラめくって指南書として活用してください。必ず、仕事人生で一生の間、あなたのお役に立つことを約束します。

転職先を見切る基準を知る

「やりがいがありそうな仕事だ。収入面の条件もいい。経営者は魅力的だし、上司・先輩、メンバー、いい人ばかり」。転職を決める条件を全て満たしているので断る理由がない時もあるでしょう。

ちょっとまってください。それだけ条件がいいのに、なぜ、人を募集しているのか。何か裏の理由がないかを探っておいた方が安全です。転職先は、聞かれないことはわざわざ答えないからです。入ってからでは手遅れです。

この章では一般的な転職時の話は書きません。企業が売りにでた時に、人が活躍する視点から、価値があるかを調べることを人事ＤＤ（デューデリジェンス：価値算定）と言います。今回は人事ＤＤの項目で、あなたが転職し、活躍するために確認すべき視点をこっそり教えます。

アルムナイがない会社は社員を潰す

アルムナイとはalumnusの複数形で、本来は「卒業生、同窓生、校友」を指します。企業の場合、その企業の退職者の集まりを指します。退職者も定年退職者だけではなく、転職や家庭の事情等さまざまな理由による中途退職者も含まれたOB、OGの集まりです。

アルムナイの有無が何を意味するかというと、企業と退職者の関係がわかります。アルムナイはその企業が主催して卒業生を集め、現役社員と一緒に集います。同期会のように有志の離職者だけで行う会とは異なります。ゆえに、企業が退職者をどうみているか退職者も企業で働いた意味をどう捉えているか、真の労使関係がみえてきます。

企業が退職者を裏切りもの、と判断すればアルムナイは設定されません。退職した会社はもうコリゴリ。退職後は縁を切りたい、関わりたくない、過去に蓋をしたいなど、喧嘩別れ状態で退職した人ばかりだと、アルムナイを設定しても、誰も集まってきません。逆に、退職したけど、その会社で働けたことや働いた同僚と繋がっていたいと思う気持ちが強ければアルムナイは自然と組成されていきます。どちらが勤めるべき会社かはわかるでしょう。

アルムナイが強いと有利です。退職した後、違う会社や業界で活躍する方もいるものです。どんどん、ネットワークが広がっていきます。同じ企業に勤めた文脈があるので信用が担保されます。どんな価値観でどんなスキルを身に付けているかが不思議と肌感覚でわかりあえるからです。

アルムナイネットワーク内で会社、人材、ビジネスの紹介、コラボといったビジネスから趣味の集まり、子育てや介護の相談といったプライベートまで、関われる範囲は広くなります。企業と退職者に友好な関係が築けているので出戻り採用も発生します。私が在籍した外資系コンサルティング会社はどこもアルムナイがあります。アクセンチュアはアルムナイネットワークが強く、ex-ac というメーリングリストと Facebook の非公開のグループがあります。登録には審査があり、ex-ac 内の紹介者がいないと承認されません。登録者はそれぞれ約2000名。ex-ac に投げかけると必ず期待以上の返事がくると有名です。毎日数通は必ず新規の投稿が流れてきます。お互い尊重し、無償でコラボしています。お互いの活動がいい意味で刺激になっています。

アルムナイがある企業は2度美味しいのです。一つは企業と社員・退職者が良好な関係なのかを判断するリトマス試験紙になります。もう一つは退職者もあなたのネットワークになるので選択肢や可能性が爆発的に増えます。

出会いより別れが綺麗なのかが大事です。ブラック企業でも採用時にはいいことしか言いません。見極めるなら直球で「アルムナイはありますか？」と聞くのが一番です。結論はすぐわかります。「なぜ、アルムナイの有無を聞くの？」と不審に思われたら、こう返しましょう。「単に、今の会社にアルムナイがあるので」もしくは「今の会社でアルムナイを立ち上げる話があるので、聞いてみただけです」と言えば、相手は素直にこたえざるをえなくなるので大丈夫です。

ポイント　アルムナイの有無は直球できく

辞めた社員がどれだけ活躍しているかで成長チャンスがわかる

「我が社では若手でこれだけ活躍している！」というＰＲはよくあるものです。実際、活躍されているリーダーとお話しさせていただく機会もあるでしょう。確かに、一緒に仕事をしたい魅力的な方も多いものです。ここで1点注意があります。**現役社員だけでなく、退職された社員が、違う会社でどれだけ活躍しているかを聞きましょう。**

なぜかというと、その会社で活躍しても、世の中では通用しないことはよくあるからです。ごく一部の魅力的な社員しか紹介せず、他は全然ダメなこともあります。

その企業の卒業生が違う会社で活躍していればどうどうと教えてくれます。逆に、退職者が都落ちしたような会社や仕事にしかつけなければ教えてくれません。

社員が成長する機会があるか。実際に社員が世の中で通じるくらい成長しているかは、卒業生の他社での活躍をみるしかありません。「こんなに教育の機会があります」とか、口ではいくらでも言えるからです。研修よりうちは実践のＯＪＴで成長が速いと言っても社外で通用しなければ意味を持ちません。会社名や個人名も具体的に聞くといいでしょう。個人名は難しくても、多い転職先の企業名は教えてくれるのが普通です。

「退職者は我が社では通用しなかった」という言い訳をする企業もありますが、それは人をきちんと成長させられないのと一緒です。退職者が活躍されているかはGoogleでも調べられます。その会社の企業名を入れて検索すれば、たくさん記事がでてくるでしょう。

その中で卒業生を探せばいいのです。SNS等の繋がりで、その会社の在籍者と繋がり、ランチや飲み会で本当の姿を聞くのも有効です。

ポイント　退職者の社外で活躍している姿が、ポータブルスキルの習得可能レベルを表す

「仲間」を強調する会社は給料が安い上、成長チャンスは微妙

退職理由の不動の1番は「職場の人間関係」。一緒に働く上司や同僚との人間関係はとても重要ですが、「仲間」を強調する会社は注意が必要です。

考えてみてください。一緒に働く仲間は大事に決まっています。仲間を大事にしないことを売りにする会社は成り立ちません。仲間をメインに強調する会社は2つリスクがあります。1つは売りになるものがない、もう1つは、オーナー社長と馬が合う人しかいない集団、です。なので、ランチ、飲み会など、集まる機会を多くし、仲良くなって「もう、ええやろ！」と口説くのがリファーラルのコツと解説するコンサルタントもいるくらいで

す。意識高い系はチャンスや報酬の条件があわずに退職する確率が高く、**他社と比較して売りがない会社は、文句を言わず、普通に長く働いてくれる人の採用がキーなので、理屈でも条件でもなく仲良くなることが一番とも言っていました。**

人事制度の中身をみると「仲間」を一番に強調する組織ほど、実は報酬水準が低かったりします。仲間なので評価や報酬でキッチリ差をつけない方が都合がいいからです。

会社も社員も成長する会社は、仲間は大事にしますが、それを一番に掲げることはしません。仲間の意味も違います。サッカーにたとえるなら、これから勤めるべき企業は、サッカーが好きな同好会レベルではなく、お互いが一流のプロとして自立（技術の高みを目指す態度）と自律（他者との関係性を踏まえ、セルフコントロールする態度）を兼ね備えた日本代表です。仲間内の世界では自立も自律もできません。

「子供の組織」ではなく「大人の組織」に身を置かないと、飼い殺しになり、その会社で一生を終えるしかなくなります。

確認する方法は簡単です。仲間以外の売りを聞き、その裏を聞けばいいのです。

「自由な組織が売りです」→**「権限はどこまで任されますか？」**

「活躍すればドンドン昇進するよ」→**「管理職以上の就任時の年齢と在職期間の平均を教えていただけますか？」とか、「役員は全員オーナーの親戚関係ですか？」**

など、裏を取れば、実態がみえてきます。

ポイント　仲間というゆでガエルの世界に足を突っ込まない

社員の離職率と幹部の割合で見切る

離職率とは、ある時点の企業の在籍人数に対し、一定期間（一般的には1年、あるいは3年）のうちにどれだけの人が退職したかを示す割合のことです。離職率の高低から、その企業に社員がどれだけ定着しているかがわかります。離職理由としては、

- **有給が取れないなど、実際の労働条件が悪かった**

・**長時間労働が当たり前で体がもたなかった**
・**労働時間が長いが、報酬が十分ではなかった**
・**職場の人間関係の悩みが払拭できなかった**
・**企業の将来性に不安を感じた**
・**研修など教育施策が満足に行われず、スキルを習得できなかった**

など、離職率の高さは数多くの組織運営の問題を複合的に抱えています。

離職率が高い企業ほど、「社員1人が辞めたところで、また雇えば問題ない」「募集をすれば労働力なんかまた補充できる」と考えているので危険です。

・**すぐ採用が決まる**
・**報酬の交渉は値切ってきて、評価されればすぐ取り戻せると言う**
・**逆に報酬提示が高く、すぐ働いて欲しいと言う**

などが離職率の高い組織の特徴です。確かに離職率が高い業界もありますが、問題のある企業が多数を占めます。

日本の離職率の平均は8・55％（平成29年度上半期　厚生労働省　雇用動向調査）。ですが、これを目安にするのは危険です。同じ業種でも地方なら定年退職でしか退職者がいないということもよくあります。ＩＴ業界の離職率は15％前後が平均と言われていますが、大手で１％未満の会社もあります。

企業側も自分達に都合が悪い数字は言いません。

その企業の同業の友人・知人に離職率を聞くのが一番正解に近いです。同業だからこそ肌感覚でわかるからです。もう一つ、定点観測する方法があります。転職サイトで、

・ずっと同じ求人がでている（人が入らない）

・募集終了の数ケ月後、また同じポジションの求人がでている（入ってもすぐ辞める）

のをチェックするのです。

社員の離職率が高い会社は採用が追い付かないので人材紹介に金を積んで依頼します。

複数の人材紹介にお願いしますが、媒体により募集要項を使い分けるほど余裕がないので、

同じものを使います。

ゆえに、複数の転職サイトに同じ内容で求人が出続けているので、離職に影響するほど、社内に問題を抱えていることが透けてみえるのです。

ポイント　ずっと同じ求人がでている会社には近づかない

退職金制度がない会社は社員を使い捨てにするリスクがある

退職金制度がない会社が増えてきました。採用時の報酬条件が提示された時に必ず確認しましょう。報酬はトータルで考えるものです。**月収や賞与といった直接的な報酬だけでなく、年金・退職金を含んだ福利厚生面も合わせての報酬が本来の姿です。**

月収や賞与を入れた年収水準が業界水準なので適正と判断するのは危険です。福利厚生面がゼロであれば、トータル報酬としてはマイナスになるかもしれません。システム開発会社で業界水準の年収を出していても、A社は退職金制度がある。B社は退職金制度がない。となると1社で定年までいると数千万円単位で生涯年収が変わります。B社のように、表向きは業界水準と見せておき、トータル報酬では標準以下という会社にとって都合がいい人件費カットをしているケースも実は多いのです。見せかけの年収水準に騙されてはいけません。

入社時に退職金の事を聞くなんてタブーだと感じる心理が働くかもしれません。しかし、制度のことなので、素直に聞くのが一番です。「退職金制度はありますか？　ざっくり、何年いたらどれくらいでるのですか？」と聞けば相手は答えないわけにはいきません。なぜなら、労働条件を示す時は、就業規則の内容をしっかり確認する必要があるからです。スタートアップ企業などで、退職者がまだ存在せず、退職金制度がないケースもあります。その時は、「もし、将来退職することがあったら、退職金ってありますかね？」と確認しておきましょう。年収水準に退職金も前払いとして入っている説明をするケースもありますが、その時は退職金分の上乗せの額と根拠を聞きましょう。

なぜ、退職金の有無についてしつこく書くのか。それは、あなたの可能性の枠を狭めないためです。リストラ等の会社都合でなく、普通の退職は自己都合です。3ケ月間は失業保険が入りません。退職してから転職しようとなると、3ケ月、無収入になるのです。転職が決まっていても入社は少し先ということもあるでしょう。

退職から3ケ月は無収入になるという事実は辞めた後に知る人が多いのです。転職や退職することに全意識とエネルギーが集中してしまうからです。なので、安くても退職金があるかどうかは大きいです。

家賃分が賄《まかな》えるだけでも大きいです。無収入だと精神的に追い詰められ、あせり、間違った転職をしてしまい後悔するケースも多々みてきました。

日本を代表する大手商社の例ですが、55歳を過ぎて退職して、やりたいビジネスを始める方が多いのです。理由は55歳で企業年金が確定するからです。死ぬまで年金が払われるので老後の心配はいらないのです。なので、55歳で役職定年になると退職し、現金でもらえる退職金をもとに事業を始めたり、転職したり、前向きに活躍の場を広げる選択をされるのです。死ぬまで年金がもらえるという安全があるので挑戦ができるのです。

退職金を忘れずに。

ポイント　退職金はどうどうと確認する

タイミングを見切る

「今の職場にいていいのだろうか？」と不安を覚えたり、悩んだりしない人はいません。逆に今、キャリアの方向を考えなくてはいけない時にスルーしてしまい、後々後悔するケースも多々見てきました。マリオブラザースのキノコのように隠れていて見逃すことが多いからです。職場の中でキャリアを再考するタイミングについて解説します。

「できるところまで頑張ろう」と思うと賞味期限が切れる

今やれることを、できるところまで頑張る姿勢は称賛に値しますが、キャリアとしては自滅するリスクがあります。**他社にいい条件で移れる賞味期限が切れる可能性が高いからです**。クビになるまで引退できないスポーツ選手と一緒です。自分ではまだやり残したこと、やれることがあると思うので、自ら引退できないのです。逆に年を重ね過ぎて、第2の道として監督の知識と経験を積もうにも、残された時間が短すぎると、名監督の資質があっても開花できるまでいかない可能性もでます。

中小企業で採用の仕事をしていて、人材育成や人事企画の知見を積もうと思ったら、それがメインでできる場所に移るのが賢明です。少しだけ研修をかじらせてもらったりしているうちに時間が経ちます。5年以上、中小企業で人事をやると、「中小企業の人事」がブランドになります。「中小企業」が手持ちのエースのカードになるので、他の資質や経験と組み合わせても選択肢の幅は狭まります。

そうならないために、できるところまでではなく、キャリアを棚卸するタイミングを決め、そこまでは今の仕事に集中するのが正解です。入社して○年、30歳など勤続年数や年齢で区切るとわかりやすいです。

区切りをつけるメリットは2つ。「あと○年で△ができるようになるには、何をすればいいか」と考えれば、集中すべき対象や手段が決まるので目標の姿に近づきやすくなります。チャンスが訪れた時も、ゴールにどちらが近づきやすいか、チャンスをもとにゴールを柔軟に修正して違う未来を選ぶのがいいかが冷静に判断できます。

できるところまでだと今の延長上でしかイメージを持てないので、チャンスに悩んでも合理的に判断する軸が持てないのです。

区切りのタイミングで「もっとやれたかも」と未練は残るかもしれません。しかし、できるところまで、とずるずると続けてキャリアが詰んで後悔するよりましです。

ポイント　しっかりと区切りをつけてキャリアを判断する

昇進や特別な役割に任命された時

昇進は嬉しいものです。今までの努力が全て報われ、やる気に満ち溢れるでしょう、わかります。特別な任務を任せられるのも同様です。

ある一定以上の規模の組織で、人事制度がきちんと運用されている企業での昇進は素直に受けていいでしょう。**危険なのが成長期でバンバン組織が大きくなっている企業やオーナー経営者の権限が強い時です。**なぜかというと、昇進や特別な任務を与えることは、あなたに辞められたら困る、もっと仕事をして欲しいという下心が理由の時も、往々にしてあるからです。

辞めようと相談したら出世した！　というようなケースをたくさんみてきています。最近は減りましたが管理職に昇進させて残業代を支払わないように誤魔化すケースもあります。オーナー企業で組織も大きくなければ役職は関係ありません。社長に提案して決裁を貰えばいい話です。嬉しい気持ちをおさえ、冷静に「利用されていないか？」と考えましょう。

ポイント　昇進して得るもの、失うものを書き出して冷静に判断しよう

上司と全く合わない時

苦手な上司にオサラバするために転職しても、快適な期間はほんの束の間。苦手だった上司と同じようなキャラは不思議と必ず登場してくるものです。

なぜか？　苦手な上司は「ゲームの最後に登場するラスボス」と一緒だからです。ラスボスを倒さないと永遠にその先へは進めません。

苦手な相手は「これが彼のキャラだから」と受け止めるよう解説しました。

要は、同じようなキャラはどんな組織にもいます。なので次の会社にもラスボスがいるのです。その苦手なキャラをあなたというキャラでどう戦えばクリアできるかを身に付けないと先に進めなくなるのです。**ラスボスというキャラをクリアすることで次の面に進めるというスタンスは受け止めておくといい**でしょう。

ポイント　ラスボスは倒してから次の会社に向かおう

辞める上司や先輩に「一緒に転職しよう」と誘われた時

その上司や先輩に一生ついていくならいいでしょう。一緒に転職しようということは、上司や先輩は部下を何名つれていくのかを転職先の企業と握っています。

逆に言うと約束した部下の人数が確保できないと移籍話が立ち消えになることもあるので上司や先輩も必死です。部署ごと丸ごと移籍するケースはよくあります。大学病院で理事長争いに敗れ、弟分の大学病院に派閥全員引き連れて移籍し、自分はそこの理事長になるなどよくある話です。

ここで2点注意があります。ライバル企業への移籍となると、現在いる会社と移籍先の会社でもめることがあります。機密データを全部残していっても、脳みそに入った情報は消えません。ライバル企業でも現在と同じ顧客企業を担当するかもしれません。

移籍でもめ事となると業界内に一瞬でその情報が伝わります。**あなたの個人ブランドがネガティブに傷つく可能性も高く、その結果、次の転職などのステップに悪影響があることもあります。**

もう1つは、移籍先の企業の組織文化や意思決定との相性です。同業でも個人の権限が大きく、イケイケどんどんの企業から、官僚的な企業に移籍したら、息苦しくて本来の持ち味が発揮できません。

この2点を確認した上で、どちらの選択肢が楽しいかで決めましょう。

ポイント　自分の人生の舵を切るのは自分であることを忘れずに判断すること

辞めた同僚から「うちにこないか」と誘われた時

同僚はリファーラルを狙っているのかもしれません。あなたを引き抜く意図を嗅ぎきりましょう。リファーラルで小銭が欲しいのかもしれませんが、これならかわいいものです。**1点注意なのが、あなたを自分の部下扱いで入社させようとしているか**です。結構このケースもあります。確認は簡単です。要はリファーラルです。カジュアルなランチや飲み会をセットしてもらえばいいでしょう。

履歴書等、応募書類を提出しなければ人事に履歴は残りません。

いずれにしても、同僚でも移籍先ではあなたの先輩になり、多少人間関係が変わることを視野に入れ、普通のリファーラルと同じように対応すれば何の問題もありません。

ポイント　同僚が先輩になる関係で問題なければ普通に進める

仕事で大失敗をしてしまった時

仕事で大失敗！　上司、役員、経営者、取引先から怒られる。自分のフォローのためみんな徹夜で土日出勤……申し訳ない気持ちで一杯。自尊心もボロボロ。

「ごめんなさい」では済まないのがビジネスの世界ですがご安心ください。命までは取られません。あなた個人の資産を取り上げられることもありません。評価が落ちてボーナスが少し下がるくらいです。損害は会社が被るのです。そのためにあなたの上司や、最後は社長までがいるのです。

逆に大きなチャンスと捉えましょう。この危機をリードして乗り切るのです。人は順調な時よりも逆境を乗り越える時に大きく成長します。**6500名以上のリーダーを見てきましたが、ほぼ間違いなく若手の時に大失敗して乗り越えた経験があります**。乗り越えた経験を自分を売る強いカードにしていました。

大失敗は永遠に続きません。一生の中ではほんの一瞬です。

1点、大失敗を乗り越える時、自分を責めてはダメです。

事態は一歩も前に進まない上、メンタルもやられます。「どうすれば解決するか？」「解決するための壁は何でどう乗り越えるか？」だけを考えましょう。精神的にもラクになり、物事は前に進みだします。

ポイント　失敗が大きいほど、一生話せるネタになる

複数のオファーが同時にきて選べない時

就活や転職活動を進めると、なぜか、近いタイミングでたくさんオファー（内定）をいただける時があり、迷うことは結構あります。この本を読まれたので、**事業のライフサイクル×居場所×会社の価値観が自分の資質とフィットする**ところを選べばいいとわかっているでしょう。しかし、それでも複数の魅力的なオファーがきた時、どんな視点で決めればいいでしょうか。

その時は、**「No．1」を持つ企業に行きましょう。**業界No．1の売上、技術、なんでもいいです。日本一か世界一ならなおいいです。なぜ、No．1か。理由は2つです。

Ｎｏ．１でしかみることのできない風景があるからです。

もう１つはＮｏ．１に人材、情報、ノウハウ、お客様が集まるからです。その場所でしかできない経験や人とのつながりができ、一生の財産になります。

世界一の技術を持つスタートアップなら大企業相手に、対等にコラボすることも可能です。潰れそうになっても大丈夫です。Ｎｏ．１があれば、大企業が会社ごと買収します。役職も年収も一緒かＵＰ、大企業の一員として大きなチャレンジができる、まさに「わらしべ長者」キャリアに繋がります。

ポイント　規模にかかわらずＮｏ．１を持つ企業で働く

会計監査の時期でもないのに公認会計士、弁護士が会議室に籠った時

会社が倒産や事業再生、営業譲渡で売られる前兆は注意深く観察しているとわかります。

給与の遅配や経営者が金融機関を駆け回るなど、わかりやすい現象は別として、会計監査

の時期でもないのに、公認会計士や弁護士などが派遣され、会議室に数日間籠《こも》り、段ボール相に資料を大量にいれ、何かをはじめた時は、その会社が事業再生か営業譲渡で売りに出される可能性があります。

この作業をデューデリジェンス（以下DD）と言います。

その企業が売れるか、事業再生できるかを分析して価値算定をする作業です。DDは経営者と幹部数名しか知らされないことが大半です。

社員が動揺するし、上場していると株価に影響がでるからです。リストラ計画がDDの会議室の中で決められることも理由です。

通常は1～2週間程度の期間で行います。地下の会議室など、人目につかない部屋で行われ、缶詰状態で作業をしてあまり表に出てこないので、注意深く観察する必要があります。

早い時間や遅い時間にスーツ姿でタクシーから大量に人が降り、ずっと会議室に籠っていたら要注意です。

リストラの発表があってから退職までの期間は2週間から長くても1ケ月程度です。

転職するならリストラ発表前に準備しないと間に合いません（通常は割増し退職金がも

らえます)。

去るか残るか。

残るのであれば、志願して事業再生などのプロジェクトメンバーに入れてもらえれば売れるキャリアになります。

ポイント　タクシーの来客に敏感になろう

使い捨て組織を見切る

右肩上がりで急成長。一見いい会社に見える会社にも罠が潜んでいることがあります。**次のキャリアに繋がらず、キャリアの墓場にある会社もある**のです。

注意意すべきはビジネスモデルです。頭がいい人が誰でも売れるようにパッケージングをして人海戦術で新規中心に営業ばかりさせるビジネスモデルは危険です。成長期のようで実は安定期。それもいくらでも人の替えが効くモデルで成長する企業はどんどん組織が大きくなり椅子が増えていても辞めることが賢明です。歯車として消耗品になるだけです。

本人は気づかぬうちに染められ、ガッツ根性でパッケージを売ることしかできなくなります。ただ表からはそうは見えないように偽装しています。代表的な手口を解説します。

パッケージ販売ではなく「ソリューション」や「カスタマイズ」を唄うが、実態はちょこっとだけ資料を書き換えるだけ。お客様の会社名に書き換え、内にある資料をコピペするだけです。

ここを見破るのは簡単です。「提案資料を作成するのに平均どれくらい時間がかかるのですか?」と聞けばいいです。「数分。長くて1時間はかかりません。我社の社員は生産性が高いので」と言ってきたらアウトです。自らパッケージをコピペしていると白状しているのと一緒です。クライアントと信頼が厚く、箇条書きで覚書1枚程度で仕事が決まるなら話しは別ですが、本当に一からクライアント向けの提案資料をつくるとなると、そんな短時間ではできないからです。もう一つ、マネジメントの仕方が違います。

仕事が決まれば驚くくらい動機づけします。拍手を浴び、大きな声で「やった!」と大げさな舞台役者のようなリアクションをすることがあります。

そう、ある意味、宗教団体のようなのでリファーラルなど、外からみれば一発で見抜けますが、行動科学などの心理的なアプローチをたくみに使うので中に入るとすぐに染まります。「我社は選ばれし優秀な社員だ」と動機づけを行う。「経営者やキーマン以外は会っても無駄だ！」と断られてもトップアプローチを繰り返す。夜中まで働いたり、経営者としか会わないので学生時代の友達や他社のビジネスパーソンとあっても話が合わない、社内の身内中心のコミュニティとなっている。結果、凄い実力がついてコンサルティングできる、と錯覚させる。

売上げに応じでインセンティブが入り、すぐ出世するが、売上げが落ちると一瞬で降格する仕組みで人の新陳代謝を促すことがマネジメント面の特徴です。ビジネスモデルの実態を冷静にみてもわかります。ITと言っているが開発は外注でコンサルタントやプロデューサー、コーディネーターという名前の営業が9割を占める。派手なメディア露出が多いことも挙げられます。

ここに嵌ったら大変です。余計なことを考えずパッケージに沿ってリミッターなく売り歩くロボットにしかなれません。その通りにやると**中途半端に出世し、プライドが高くなるので次がなくなります**。退職しても次が見つかりやすいように、やたらと社内で営業コンペを実施し、社内表彰Ｎｏ．１の称号を大量に社員にばらまきます。こうなると他社とアライアンスや新規のビジネスをローンチする資質があっても封印さされるくらい、いけいけドンドンの資質を鍛えられてしまうのです。「あの会社出身の営業は凄い」という評判があるので、新規ビジネスのローンチや他社とのアライアンスを任せてみたら、ぐちゃぐちゃになる等の悲劇はよくあることです。

この手の会社は組織も成長し、若くても出世しますが、退職率が多いのも特徴です。面接ですぐにカリスマ的な社長やエースの先輩がでてきて、「君なら活躍できる」とすぐに内定を出すのも特徴です。社長やその右腕しかこのビジネスモデルを描く側に回れないため、その根幹のノウハウをコピーすることは難しいです。仮に独立したり他社で同じからくりを立ち上げようとすると、法律に触れない範囲で脅かしてきたり、すぐ訴訟してきます。この手の会社に入るなら新卒で入り、骨をうずめる覚悟で人生を過ごし、夢から覚めないようにするしかないでしょう。中途ならお勧めしません。

営業仕事はお気をつけください。

ポイント　成長企業はビジネスモデルの裏をおさえておく

おわりに

全ての人が自分らしく、認められ、やりがいを持ち、しなやかに活躍できる世の中にしたい。その想いでこの本を書きました。

生活の変化の質と期間が変わりました。テクノロジーであっという間に変わります。10年前、スマホがここまで生活の手放せない一部になると予想していた人は少ないでしょう。

そう、テクノロジーの変化は人間の生活を便利にするのです。

『AKIRA』『銀河鉄道999』『ドラえもん』の未来の世界と今が接続しているのです。

今はその狭間。世はまさに世紀末。天下泰平が訪れる前の現代版の戦国時代です。

ご安心ください。怯えなくて大丈夫です。戦国時代は実は農業生産高は増えました。商工業が勃興《ぼっこう》し、貿易が盛んになり100年足らずの内に人口は2倍に増加したのです。

海外の当時の日本の記録をみると、勤勉で誇り高く礼儀正しい日本人像が描かれ、犯罪も少なく極めて秩序だった社会の様相が描かれているものも多いです。戦乱の激しさや、日本の軍隊の強さを訴えたものもゼロではないですが、圧倒的に少ないのも事実です。

そう、後から考えれば戦国時代かもしれませんが、その当時生きていた人は毎日絶望の中で暮らしていたわけではありません。同じ土地で変化の波に自分達らしく乗っていました。

「変化の波に自分らしく乗ってきた」のが実際です。変化の波に乗るには「安全」と「チャレンジ」が必要とこの本で解説しました。順番では安全が先です。そう、あなたに、「何があっても自分らしく波に乗れる」ようになって欲しくてこの本を書きました。

見方をかえると「変化の波に乗って自分らしく活躍できる時代」になったと言えます。なので、選択肢が多すぎる。論点が多すぎる。ゆえに迷い、不安になりやすいのです。

開拓者は開拓している時は、自らが開拓者であるとは気づかないものです。

後ろを振り返って道ができていてはじめて気がつくのです。資質にあった道なので楽しく突き進んでいただけです。

未来は明るい？　ではなく、未来を明るくするのです。

「選んだ選択肢が正解かどうかではなく、選んだ道を正解にする」はフランスを代表するブリジット・バルドーの名言です。そこに、『自分らしく』選んだ道を正解にする」種をこの本に込めました。秋元康さんも「人から嫌われることを恐れるより、欠点はあってもいいから、それ以上に魅力のある自分になったほうがいい」と言っています。

世間では強みを活かせ、長所を伸ばせと言いますが、それがみつからないか、他人より弱い人には拷問です。本当に輝いている人がやっている欠点を魅力に変えるノウハウをこの本に書きました。あなたも、その鍵は摑んでいただけたと思います。

なぜ、ここまでこだわるか。私も同じだったからです。私は自分に合わない勉強法を父から押し付けられ、中学、高校、大学、全ての受験に失敗しました。大学のＥＳＳ（英会話部）のスピーチコンテストに出た時も、体育会系の先輩のゴリ押し指導でブービー賞（最下位から2位）でした。翌年、テレビ番組に参加することで得たマーケティングのノウハウを活用することで準日本大会の「丹羽杯」で2位を取ることができました。

その時、私は自分の持ち味に合った方法であれば成功すると気づきました。

逆に、なぜ、父や先輩は私に合わないやり方を押し付けるのか、余計わからなくなりました。

その謎が解けたのが外資系コンサルティング会社に移籍した時です。周りは海外のいろんな国の方ばかりです。個人レベルは宗教も価値観も知見も全てバラバラです。

多様性とかの話の前に、みんな違い過ぎるので個性を尊重して受け止めるしかない状況でした。個性はバラバラですが物事はハイスピードで決まり流れていきます。一切に無駄がありません。それには2つの秘密がありました。1つは一番効率的なルールがあり、それをみんなが守る。違う個性を調整するより、効率的かつ合理的でした。そして、個性を受け止めた上で、そのキャラを活かしながら、どう活躍してもらうか。そのために上司としてどんな支援ができるか、という視点で仕事のPDCAや育成面接で関わってくれました。そうか、キャラが違うから同じ技や武器は使わないのが前提なんだ。個人のキャラにあった技や武器を探り、自分らしく花開くように上司や組織が支援、指導してくれました。ここで開眼し、25年以上、組織・人事のコンサルティングの中に取り入れています。窓際のレッテルを貼られた定年間近のベテランが一瞬で息を吹き返す。逆に、バリバリ活躍していたエリートが一度の配属で心が折られ挫折する。そういう風景と現場に常に携わっています。

どんな変化があっても自分らしい技と武器で、自分の波に乗る。波が去ったら、また次の波に乗ることは予定できませんが、作法を身に付ければ時がくれば乗ることが可能です。他人の波には乗れないからです。他人のノウハウでは合わないのです。この本を通して、波に乗り続けるための自分だけの安全地帯を摑んでいただければ著者冥利につきます。

最後に、本書の発行に関わっていただいた全ての人にお礼を申し上げます。感謝します。なかでも、声をかけていただき、厳しくも優しく、ギリギリまで編集作業に力を入れていただいたKADOKAWAの小川謙太郎様、本当にありがとうございました。

サイバーエージェント取締役の曽山哲人さん、神戸大学の服部泰宏准教授、ICJ取締役の吉沢康弘さん、酒井穣さん、金澤元紀さん、的確なアドバイス、ありがとうございました。

今まで在籍したコンサルティングファームの方々、クライアントの方々、コンサルティングの現場で協業した方々、先輩の方々、皆様の教えや指導なしにはこの本の完成はありませんでした。

そして、最後まで本書をお読みいただき、ありがとうございました。

改めてお礼を申し上げます。

あなたの一助になれば一番嬉しいです。

2019年3月吉日　松本利明

【参考文献】

『「ラクして速い」が一番すごい』松本利明（著）、ダイヤモンド社

『採用学』服部泰宏（著）、新潮社

『戦国時代の村の生活―和泉国いりやまだ村の一年』勝俣鎮夫（著）、宮下実（イラスト）、岩波書店

『One Person / Multiple Careers』Marci Alboher（著）

「psychological science」（How Your Brain Reacts To Mistakes Depends On Your Mindset：Jason Moser）September 29, 2011

松本利明（まつもと・としあき）
人事・戦略コンサルタント。HRストラテジー代表。日本人材マネジメント協会執行役員。外資系大手コンサルティング会社であるPwC、マーサー、アクセンチュアなどのプリンシパル（部長級）を経て現職。国内外の大企業から中堅企業まで600社以上の働き方と人事の改革に従事。5万人以上のリストラと6500人を超える次世代リーダーの選抜や育成を行った「人の目利き」。人の持ち味に沿った採用・配置を行うことで人材の育成のスピードと確度を2倍以上にするタレント・マネジメントのノウハウが定評。最近は企業向けのコンサルティングに加え、「誰もが、自分らしく、活躍できる世の中」に近づけるため、自分の持ち味を活かしたキャリアの組み立て方を学生、ワーママ、若手からベテランのビジネスパーソンに教え、個別のアドバイスを5000名以上、ライフワークとして提供し、好評を得ている。英国BBC、ロイター通信、TBS、日経新聞、AERAなどメディア実績多数。講演実績多数。
主な著書に『「稼げる男」と「稼げない男」の習慣』（明日香出版社）、『「ラクして速い」が一番すごい』（ダイヤモンド社）、『5秒で伝えるための頭の整理術』（宝島社）など。

「いつでも転職《てんしょく》できる」を武器《ぶき》にする
市場価値《しじょうかち》に左右《さゆう》されない「自分軸《じぶんじく》」の作《つく》り方《かた》

2019年4月27日　初版発行

著者／松本《まつもと》 利明《としあき》

発行者／川金 正法

発行／株式会社KADOKAWA
〒102-8177　東京都千代田区富士見2-13-3
電話 0570-002-301（ナビダイヤル）

印刷所／図書印刷株式会社

KADOKAWAカスタマーサポート
［電話］0570-002-301（土日祝日を除く11時～13時、14時～17時）
［WEB］https://www.kadokawa.co.jp/（「お問い合わせ」へお進みください）
※製造不良品につきましては上記窓口にて承ります。
※記述・収録内容を超えるご質問にはお答えできない場合があります。
※サポートは日本国内に限らせていただきます。

定価はカバーに表示してあります。

ISBN 978-4-04-604189-0　C0030